Christoph Scholten

# Geschichtensparbuch

agenda

Christoph Scholten

# Geschichtensparbuch

Westfälische, Pariser und
Berliner Geschichten

mit Zeichnungen von Derya Sakin

agenda Verlag
Münster
2024

Bibliografische Information der Deutschen Nationalbibliothek
Die Deutsche Nationalbibliothek verzeichnet diese Publikation in der Deutschen Nationalbibliografie; detaillierte bibliografische Daten sind im Internet über http://dnb.dnb.de abrufbar.




Drubbel 4, D-48143 Münster
Tel. +49-(0)251-799610
info@agenda-verlag.de, www.agenda-verlag.de

Druck und Bindung: TOTEM, Inowroclaw, Polen

ISBN 978-3-89688-841-9

Für das *kult Westmünsterland*

Das heute von Frau Silke Röhling geleitete Team des Kulturhistorischen Zentrums Westmünsterland in Vreden (Kreis Borken) hat den schriftlichen Nachlass meines Opas Bernhard Olbing (1899 – 1991) kompetent und liebevoll archiviert. Dazu gehören seine teilweise auf Platt verfassten Aufsätze mit ihrer Entstehungsgeschichte. Dr. Volker Tschuschke hat sich dabei besonders verdient gemacht.

Herzlichen Dank!

Westfalen, Paris und Berlin:
Wer würde da nicht gern hinziehn?
Dieses Sparbuch voll Geschichten
wird vom Leben dort berichten.
Ob beim Schmuggeln mit Geheule
einer unheimlichen Eule
ob beim Ordern des Menüs
in dem Land von Paul Bocuse
ob beim Um-die-Häuser-ziehen
vor Berlins Kunstgalerien –
immer gilt: Alle Personen
die in diesem Sparbuch wohnen
freuen sich, wenn es gefällt
und so der Leser Zins erhält
aus über hundertzwanzig Jahren.
Darum: Döhnkes aufbewahren!

# Inhalt

# Westfälische Geschichten

Ahdorf, Mitte der 1920er Jahre. Mein Opa Alwis Olbmanns eröffnet auf einer Kegelbahn die Zweigstelle der Kreissparkasse Rinden. Wenige Jahre später wird die neue Kreissparkasse fertiggestellt. Im westfälischen Barockstil, unter ausschließlicher Verwendung heimatlichen Materials erbaut, sei sie eine Zierde für Ahdorf, lobt die Zeitung am Tage der festlichen Einweihung. Und sie schildert, wie der Rindener Landrat den Schlüssel des neuen Hauses an den verdienstvollen Sparkassenamtmann Olbmanns übergibt. Der Junge aus der Bauerschaft Hockskamp hat es geschafft. Leiter einer Sparkassenfiliale in einem repräsentativen Neubau – im Schlaunschen Stil[1], wie meine Oma mit erhobenem Zeigefinger betont: die Familie freut sich mit ihm und ist stolz.

Ahdorf, 1980. Ein Tisch. Ein Stuhl. In der Nische ein weinrotes Sofa, lang genug für einen kurzen Mittagsschlaf nach einem herzhaften Mahl. Über dem Sofa das Bild eines alten Bauern mit Kittel, Halstuch und Strohhut. So sieht das Studierzimmer meines Opas aus.

Hier schreibt er als Rentner seine Zeitungsartikel zu Brauchtum, Geschichte und Heimatpflege. Dabei geht er zielstrebig vor: vom ersten Entwurf in gestochener Handschrift – oft auf der Rückseite von Geschäftsbriefen – über die teils nochmals verbesserte Schreibmaschinenfassung bis hin zum fertigen Beitrag. Darin geht es zum Beispiel um westfälische Adelsfamilien, alte Kult- und Richtstätten und einen Flugpionier. Einmal gesteht er einem Volkskundler, dass seinen Berichten zwar tatsächliche Geschehnisse und Erlebnisse zugrunde lägen, er aber einiges ausschmücke.

Barock geht es zu, wenn Opa Alwis seine Geschichten erzählt. Zum Beispiel auf dem Fahrrad mit mir hintendrauf. Wenn ich aufmerk-

1 *Johann Conrad Schlaun* (1695 – 1773) entwarf im Stil des westfälischen Barock Residenzen, Schlösser, Häuser, Kirchen und Städte. Dabei kombinierte er Sandstein mit rotem Klinker und weißen Sprossenfenstern, „westfälische Sinfonie" genannt.

sam zugehört habe, bekomme ich ein Pfefferminzbonbon. Oder Heiligabend nach der Bescherung, genüsslich eine Zigarre rauchend. Dann wird an nichts gespart – außer der Wahrheit. Es wird nach Herzenslust fabuliert, gerne mit plattdeutschen Einsprengseln. Zum Beispiel über die Versetzung eines Berliner Zollbeamten in die westfälische Provinz. Besonders gewagte Passagen pflegt mein Opa abzuschließen mit einem augenzwinkernden: „Nicht wahr?“

Die folgenden westfälischen Geschichten beruhen auf Opas Erzählungen und denen seiner Tochter Hannah, meiner Mutter. Ich, Christian van Scholze, habe mir erlaubt, sie noch etwas weiter auszuschmücken.

# *Versetzung von Berlin nach Vaddinghook (1925)*

Ahdorf, 1925. Der Bahnhof des Westmünsterländischen Dorfs besteht aus einem bescheidenen Zweckbau. Darin befindet sich neben Wartesaal, Dienst- und Lagerräumen eine Kneipe. Ihr Pächter Hinnerk Hengstenberg hilft auch als Stationsvorsteher aus. Nebenbei bewirtschaftet er einen sandigen Acker. Von hier hat er den mäßigen Zugverkehr gut im Blick. Seit gut 20 Jahren ist Ahdorf an das deutsche Eisenbahnnetz angebunden. In die nahen Niederlande führt dagegen nur ein kleiner, aber reger Grenzverkehr auf nicht befestigten Wegen und Pättkes[2]. Die Art und Weise des Grenzverkehrs ist umstritten. Die einen wollen die Grenze ungestört von lästigen Zollformalitäten passieren, die anderen hiergegen mit aller Härte vorgehen. Aber der Reihe nach!

* * *

Alles beginnt mit einem Missverständnis zu den Reiseverbindungen von Berlin in eine abgelegene Dienststelle in der westfälischen Provinz. Gerade düngt Hinnerk Hengstenberg seinen Acker, als ein Signalpfiff die Ankunft des Nachmittagszuges aus der Kreisstadt Rinden anmeldet. Er klopft rasch den Staub von Kittel und Kappe und eilt in seine Schänke. Sobald Reisende aussteigen, ist er zur Stelle, auch wenn er heute Namenstag hat.

Unter den Ausgestiegenen fällt Hinnerk besonders ein grün Uniformierter mit Frau, zwei Kindern und Handgepäck auf. Der Wirt begrüßt die Kleinfamilie freundlich und lädt sie in seine Schänke

---

2 Pfade, vgl. hier und im Folgenden *Hermann Schüling*, Wörterbuch der westmünsterländischen Mundart von Rhede-Vardingholt, Kreis Borken.

ein. Hier erklärt ihm der „Grüne", dass er aus Berlin komme und als Zollbeamter in einen nah gelegenen Ort an der Grenze versetzt worden sei. Er fragt ihn:

„Herr Wirt, wo ist die Haltestelle der Elektrischen nach Waddinghook und wann fährt die Nächste ab?"

„Dat kann dauern", antwortet Hinnerk gedehnt.

Er übergeht das offensichtliche Missverständnis des Neuankömmlings, es führe eine Straßenbahn von Ahdorf nach Vaddinghook. Eine solche Verkehrsverbindung gibt es selbstverständlich nicht. Dafür ist das Gebiet der verschlafenen Gemeinde zwischen den abgelegenen Zollämtern Barlo und Oeding viel zu sumpfig. „Nach der anstrengenden Reise sollten Sie und Ihre Lieben sich erstmal stärken", lenkt Hinnerk ab. Er ist Landwirt, Wirt und Schlitzohr in einem. „Hatten Sie denn eine gute Reise?"

„Bis Münster ja, ab da nein. Mit der von mir angegebenen nächsten Umsteigestation Zösfeld konnte der Münsteraner Fahrdienstleiter zuerst nichts anfangen. Dann hat er sich über ein angebliches Versehen Berlins mokiert. Ich habe dagegengehalten. Schließlich haben wir unseren Anschluss verpasst … und sind erst jetzt hier, wie Sie sehen."

„Loht´t mohl kicken."[3] Wenn Hinnerk gute Laune hat, verfällt er auch dann ins Platt, wenn er mit Auswärtigen zu tun hat. Er lässt sich die vom Schalterbeamten des Bahnhofs Berlin-Friedrichstraße erstellte Liste der Umsteigebahnhöfe zeigen. „Ah, dor häbbt wei dänn Fähler: Zösfeld hätt bei uns Coesfeld, esprocken mätt K wie Kaufmann und O wie Otto vöhrne … und öwwrigens hätt Waddinghook bei uns Vaddinghook, mätt V wie Vahderunser."[4]

---

3 Lassen Sie mal sehen.

4 Ah, da haben wir den Fehler: Zösfeld heißt bei uns Coesfeld, gesprochen mit K wie Kaufmann und O wie Otto vorne … und übrigens heißt Waddinghook bei uns Vaddinghook, mit V wie Vaterunser.

Mittlerweile haben sich Freunde des Wirts zu seiner alljährlichen Namenstagsfeier eingefunden. Hinnerk lädt das Berliner Ehepaar dazu ein. Die beiden Kinder sind bereits eingeschlafen. Er stellt dem Paar die anderen Gäste vor. Neben meinem Opa Alwis sind dies: Bärnd, Friewer, Jans, Papp, Schwiltz und Tünnes. In Berlin eher seltene Vor- und Spitznamen. Die Schar ist bereits angeheitert.

„Mein Name ist Graefenschnell, Wilhelm Graefenschnell", erwidert der Neue trocken.

„Alma Graefenschnell", schließt seine Gattin sich an.

Die übrige Gästeschar schweigt. Tauscht verstohlene Blicke aus. Und unterdrückt ein Kichern. Hinnerks Freund Bärnd findet als erster die Sprache wieder: „Mit Verlaub, guter Mann, Ihr Name wird draußen in Vaddinghook auf wenig Respekt stoßen. Und über Respekt müssen Kommihsen[5] wie Sie unbedingt verfügen. Sowohl bei Ihren neuen Nachbarn ... als auch bei den Schmugglern." Bärnd muss es wissen. Er ist pensionierter Zollinspektor. Jahrelang hat er am Hauptzollamt Vreden die Aufsicht über die staatliche Kontrolle des deutsch-niederländischen Grenzverkehrs in der Region geführt.

Küster Jans erinnert daran, dass sie in der Schänke erst jüngst den ebenfalls aus dem Osten zugezogenen Gemüsehändler Pavel Wodnizak mit den Worten „Wodnizak iss´n wäinig christlicher Nahme. Dou hätts jetzt Wottelsack!"[6] umgetauft haben: „Das geschah zu seinem Besten. Wottelsack nimmt nun alle Rechte und Pflichten in der Nachbarschaft wahr und ist bei allen gut angesehen."

So einigen sich die versammelten Alt-Ahdorfer mit den Neu-Vaddinghookern, auf die bodenständige Anrede Wilm und Anna Greh-

5 Zollbeamte.

6 Wodnizak ist ein wenig christlicher Name. Du heißt jetzt Möhrensack!

penställ[7]. Die steht dem stämmigen Mann und seiner hübschen Frau gut zu Gesicht. Die beiden freuen sich. Darauf stoßen alle an.

Nach einigen weiteren Runden hält Wirt Hinnerk die Zeit für eine Begrüßungsansprache für gekommen. Weil die frisch Umgetauften kein Platt verstehen, muss Tünnes als einziger Rheinländer dolmetschen, soweit die hiesige Ursprache sich übersetzen lässt:

„Liebe Anna, lieber Wilm,

es freut mich, dass ihr aus Berlin gekommen seid, um an unserer Namenstagsfeier teilzunehmen. Jeder Namenstag ist der Beginn eines neuen Jahrs im Schutz der Heiligen. Euer neuer Name aber ist ein neues Leben. Wilm, Du hast so nett aus Berlin und von der langen Reise hierher mit Anna und den Blagen erzählt. Jetzt seid ihr gut bei uns angekommen. Wir Westfalen sind Menschen wie du und ich. Auch die Schmuggler gehören dazu, nicht wahr?

Wenn du, Wilm, demnächst nachts an der grünen Grenze auf Posten stehst, um den Schleichern aufzulauern, dann bewundere die Sterne! Hör das Heulen der Eule! Und schau vielleicht nicht so genau hin, wenn der eine oder andere von unseren Landsleuten im Schutz der Dunkelheit, mätt´n öhrplik Püngelken[8] Kaffee, Tee, Tabak oder Zigaretten auf dem Buckel, durch Grenzmoor, Busch und Torfstich schleicht! Lass dir das mal gut durch den Kopf gehen!

Für diesen Abend wünsche ich allen noch viel Pläsier und den Berlinern Gottes Segen in ihrer neuen Heimat! Und jetzt singen wir alle miteinander ein paar Lieder!"

Das tun sie mit gut geölten Stimmen.

Dann bittet der Wirt seine Gäste zu Tisch. In der Mitte der langen Ta-

7 Gabelstiel.

8 Mit einem kleinen Sack.

fel dampft eine Schlachterplatte mit Sauerkraut. Als Nachtisch gibt es eine große Schüssel Dickmilch. Alle langen mit gutem Appetit zu. Dann erzählen sie Döhnkes[9] und schmettern weitere Lieder, dass die Wände wackeln. So tagen sie, bis der letzte Zug abgefahren ist.

9 Anekdotische Erzählungen.

Jetzt ergreift Küster Jans die Gelegenheit, um Wilm seine wiederholte Frage nach der Elektrischen zu beantworten.

„Die Wege des Herrn sind unerforschlich, Wilm“, sagt Jans. „Manche von ihnen sind mit eisernen Schienen ausgelegt. Über einen solchen Weg seid ihr aus Berlin gekommen. Andere Wege gehen per Schiff durchs Wasser. Wieder andere müssen sich mit Sand begnügen … und ein solcher Weg führt von hier nach Vaddinghook.“

Wilm nickt. Die letzten Kilometer bis zu seiner neuen Dienststelle werden sie also auf einem ungeteerten Weg zurücklegen müssen. Wenn er das in Berlin erzählt! Aber was soll er hier draußen dagegen machen? Selbst wenn es etwas gäbe, das er tun könnte, wäre er jetzt viel zu müde dafür.

* * *

Das anfängliche Missverständnis zu den Reiseverbindungen ist damit aufgeklärt. Ob Wilm Hinnerks Appell beherzigen wird, mehr auf Sterne und Eulen als auf Schmuggler zu achten? Zunächst muss er aber nach Vaddinghook kommen.

„Keine Sorge, ihr müsst euer Gepäck nicht bis an die Grenze schleppen. Wir bringen euch mit dem Fuhrwerk hin“, bietet Hinnerk gegen Ende der Feier an. „Aber erst morgen. Heute Nacht nehme ich euch in meine Wohnung auf.“

Die Einladung wird dankbar angenommen. Mit kräftigen Umarmungen und hier und da zarten Küsschen löst sich die fröhliche Namenstagsgesellschaft auf. Bärnd und Jans tragen die Kinder der Neuen. Bald erreichen sie das Nachtquartier. Müde, wie sie sind, fallen Gastgeber und Gäste in einen tiefen Schlaf. Der währt, bis das Rumpeln, Fauchen und Pfeifen des ersten Zugs sie weckt.

Nach dem aus Buchweizenpfannkuchen und Malzkaffee bestehenden Frühstück, wird Hinnerks kleiner Brauner angespannt. Durchs Vaddinghooker Dorf geht es im Trab über einen Knüppeldamm Richtung Grenze. Von Schinkenbohms Bäldeken[10] aus, können sie die einsamen Kommihsenhühser[11] aus rotem Backstein liegen sehen. Die hatten Wilm und Anna sich großzügiger vorgestellt. Man könnte meinen, hier sagen sich Fuchs und Hase „Gute Nacht“!

In Wahrheit wohnen keine Füchse oder Hasen, sondern zwei weitere Zollbeamte mit ihren Familien nebenan. Sie laden ihren neuen Kameraden zum Kennenlernen zu sich ein. Die Kinder haben sich schon beschnuppert und spielen gerade unter den Eichen Verstecken.

Da kommt ein Inspektor aus Vreden – der schneidige Nachfolger von Bärnd – im scharfen Galopp angeritten, um Wilm zackig in seine dienstlichen Aufgaben einzuweisen.

„Besonders gegen die verbrecherischen Bandenschmuggler müssen Sie mit aller Härte einschreiten!“

„Jawoll, Herr Inspektor.“

„Und bei Fluchtversuchen von der Schusswaffe Gebrauch machen!“

„Jawoll, Herr Inspektor.“

Mit dem vielsagenden Befehl „Weitermachen!“, besteigt der Vredener sein Pferd. Die drei Vaddinghooker Zollbeamten sind froh, als der Berittene endlich fort ist. Jetzt sind sie wieder Herr der Lage auf der Linie zwischen Barlo und Oeding. Ihr Zollgrenzbezirk ist groß. Vreden ist weit. Ihr Herz auch.

Während der dienstlichen Unterweisung helfen Nachbarfrauen Anna beim Einzug. Die Zimmer werden geputzt und Blumen auf

10 Heiligenbildstock, benannt nach dem Hofnamen des nächstgelegenen Gehöfts.

11 Dienstwohnungen der Zollbeamten.

die Fensterbänke gestellt. Das sieht schon weniger nach Fuchsbau als nach menschlicher Behausung aus, müssen Wilm und Anna zugeben, als sie damit fertig sind.

Sonntags drauf kommt Hinnerk vorbei, um zu schauen, wie die Neuen sich eingewöhnen. Nach dem Kaffee vertreten sie sich ein wenig die Beine. Auf den zweiten Blick ist die Umgebung von herber Schönheit. Gräser, Moose, Beeren und Heidekraut wechseln sich mit Birken und Erlen ab. Besonders weist Hinnerk Wilm auf die „Külve" genannte Gegend hin, wo er es gewiss mit Schmugglervolk zu tun bekommen wird. Davon zeugen auch die halb überwucherten „Fürstensteine" und die neu entlang der Grenze gesetzten „Reichssteine". Den „Entenschlatt" genannten, von Weiden gesäumten Heideweiher wollen sie ein andermal begehen. Hinnerk verabschiedet sich mit der Einladung, ihn bald besuchen zu kommen.

Freundlich werden die Grehpenställs in die weitläufige Nachbarschaft aufgenommen. Dazu gehören auch die umliegenden Bauernhöfe. Schon bald werden Wilm und Anna Paten der neu geborenen Nachbarskinder Franz, Piet und Klaas. Auch lernen sie die heimische Tierwelt kennen. Natürlich auf Platt – so, wie es im Bereich des Vaddinghooker Venns von alters her gesprochen wird: Fösse und Hahsen; Barkwild, Beymeesen, Hellekranen, Foofinken, Kiwitte, Krähjen, Markohlen, Schneppen, Uhlen, Vennebücke und Vennetüten[12]. In Erinnerung an die nette Begegnung in der Ahdorfer Bahnhofsschänke eröffnet Wilm bei der von meinem Opa auf einer Ahdorfer Kegelbahn geführten Kasse ein Sparkonto. Zwar ist sein Sold gering. Aber in und um Vaddinghook herum kann er kaum Geld ausgeben. So bleibt am Monatsende etwas zum Sparen übrig.

---

12 Füchse und Hasen; Birkwild, Brachvögel, Eulen, Finken, Kiebitze, Krähen, Meisen, Moorhühner, Schnepfen und andere in und um das Vaddinghooker Venn heimische Vogelarten.

Auf diese Weise kommen die Neuen gut dertüsken[13]. Auch weil Wilm bei der Ausübung seiner Dienstpflichten an der grünen Grenze viel Herz und Augenmaß beweist. Nicht selten hebt er, wie von Hinnerk empfohlen, den Blick andächtig empor zum Sternenhimmel und horcht auf die heulende Eule, wenn ein armer Schlucker einige im holländischen Städtchen Winterswijk günstig erworbene Packungen Zigaretten, vermeintlich unentdeckt, an ihm vorbeischmuggelt.

* * *

So wurden aus einem Missverständnis, einer Begrüßungsrede und Blumen auf den Fensterbänken schließlich gutnachbarliche Beziehungen und Freundschaften. Fast hätten Wilm und Anna es zu waschechten, heimatverbundenen Pohlbörgern[14] gebracht. Eines Tages erhält er aber die Order, an die Spree zurückzukehren. Groß und Klein bedauern das sehr. Auch die Nachbarn und die Schmuggler – was auf dasselbe hinausläuft.

Kurz vor dem Umzug kommt Wilm ein letztes Mal zu meinem Opa in die Kasse, um sein Sparkonto aufzulösen und die Zinsen einzustreichen. Es ist kein Reichtum, der ihm da ausgezahlt wird, aber doch ein ansehnlicher Betrag.

„Jetzt heißt es leider Abschied nehmen von Waddinghook und seinem schönen Wenn“, sagt mein Opa. Damit spielt er auf Wilms zärtliche Aussprache des Ortsnamens am Tag seiner Ankunft an. Damals, als der Neue noch glaubte, vom Ahdorfer Bahnhof ginge eine Tram bis an die Grenze.

„Wermutlich ja“, gibt Wilm ebenso sanft zurück.

Sie drücken einander lange die Hand. Abschied ist eine ernste Sache, mit der humorvoll umzugehen ist.

---

13 Dazwischen, unter die Leute.

14 Ortsansässige, Alteingesessene.

Kaum in Berlin angekommen, wird Wilm zum Militär einberufen. Darüber reißt die Verbindung nach Vaddinghook ab. Schade, denn hier sind er und seine Familie jahrelang so gut terechtekommen[15]. Zwei Generationen später sagt man dazu: Sie waren gut integriert – was auf dasselbe hinausläuft.

Die Geschichte von der Elektrischen nach Vaddinghook und der vergnügten Namenstagsfeier in der Ahdorfer Bahnhofsschänke erzählt mein Opa zeitlebens gern.[16] Ob es daran liegt, dass er einst als Ferienkind bei seiner Oma in Oeding gelernt hat, begehrte Waren aus dem niederländischen Dorf Kotten herüber zu schmuggeln, ohne von den Zöllnern geschnappt zu werden? Aber das ist eine andere Geschichte. Darüber soll hier nicht berichtet werden. Folgen auch wir vielmehr Hinnerk Hengstenbergs Rat, bestaunen die Sterne und breiten über gewisse Jugenderlebnisse den Mantel der Verschwiegenheit aus, wie die Schwingen der weisen Eule, nicht wahr?

15 Zurechtgekommen.

16 Vgl. *Bernhard Olbing*, Versetzung von Berlin nach Vardingholt, Kreisjahrbuch Borken 1984, S. 173 ff; vgl. auch *derselbe*, Verkanst üm Middewinter, Kreisjahrbuch Borken 1983, S. 222 ff.

# *Der Ausreißer und der Schimmel (1908)*

Hockskamp, 1908. Ein Sonntag im August. Gestern hat mein Uropa Hermann Olbmanns seine vier Söhne auf Trab gebracht, um alles beizeiten für die Kutschfahrt zur Sonntagsmesse vorzubereiten. Der lockere Siedlungsverband der Bauerschaft Hockskamp hat keine eigene Kirche. Das nächste Gotteshaus – Sankt Laurentius – steht in der fünf Kilometer entfernten Stadt Rinden. Auch mein Opa Alwis, mit neun Jahren der Jüngste auf dem Hof, musste bei den Vorbereitungen ran. Der Erfolg kann sich sehen lassen: Schimmel Nux und sein Geschirr glänzen in der Sonne. Auch am schwarzen Kutschwagen ist kein Staubkorn zu sehen.

Die Nachbarn schätzen Hermann als hart arbeitenden Mann. Werktags sieht man ihn in endlosen Schleifen auf dem Acker pflügen und eggen, säen und ernten. Von morgens früh bis abends spät wird ihm bei Wind und Wetter nichts zu viel.

Hermann hat eine weiche Seite: Er gilt als Pferdenarr. So hat er für seinen Schimmel immer einen kleinen Sack mit Heu, Hafer oder Brot dabei. Daraus wird Nux in den Arbeitspausen gefüttert, bevor er sich selbst stärkt. Wenn das Pferd sonntags vor die Kutsche gespannt wird, braucht es samstags und montags nicht zu arbeiten, sondern hat frei. Und wenn Hermann einen Weg für das Kutschpferd mit voll beladenem Wagen zu steil findet, kommandiert er seine Söhne heraus: „Rutt mätt de dicken Jungs!“ Ein geflügeltes Wort in meiner Familie.

In der Familie Olbmanns gehen die Meinungen über die Pferdeliebe des Vaters auseinander. Seine Frau Lisbeth – meine Urgroßoma – lästert: „Du verwöhnst den Schimmel viel zu viel! Kein Wunder, dass er dick und fett wird. Und so übermütig, dass uns eines Tages noch das Fuhrwerk im Graben landet!"

Heinrich, Alwis´ fünfzehnjähriger Bruder, meint sogar: „Bei uns haben es die Pferde besser als die Jungs."

Alwis hält das für übertrieben. Er wagt aber nicht zu widersprechen, zumal er bei seinen Geschwistern als fast so verwöhnt gilt, wie der Schimmel.

Jetzt wird angespannt. Das Anlegen des Schweifriemens mag Nux nicht. Wer nicht aufpasst, droht gebissen oder getreten zu werden. Aber die Jungs kennen seine Mucken und Nücken[17] und sehen sich vor. Zufrieden sieht Nux aus dem Augenwinkel, dass sein obligates Futtersäckchen eingeladen wird. Sein Wiehern bedeutet: Es kann losgehen!

Hermann und sein ältester Sohn Heinrich steigen auf den Kutschbock. Mutter Lisbeth und die anderen Söhne nehmen hinten im offenen Wagen Platz. Die drei Töchter bleiben zuhause. Sie sind nächsten Sonntag an der Reihe.

Schnaubend trabt der Schimmel am Wirtshaus „Zum Technicus" vorbei. Der Technicus ist die wichtigste Informationsbörse für die einzeln in der Feldflur verteilten Höfe von Hockskamp. Zwei Nachbarn gucken beim Frühschoppen aus dem Fenster.

„Kickes[18], da kommt der Pferdenarr mit Lisbeth und ihren Trabanten", sagt der eine Nachbar.

„Ja, mit den Hauptpersonen in und vor der Kutsche: dem Ausreißer und dem Schimmel!", gibt der andere zurück.

Der Ausreißer: diesen Spitznamen trägt mein Opa Alwis, seit er den-

17 Tücken, Eigenheiten; Unarten, Launen.

18 Guck mal.

ken kann, sein Leben lang. Das hat seinen Grund. Dieser liegt sechs Jahre zurück.

* * *

Hockskamp, 1902. Kaum hatte Alwis laufen gelernt, büxte er mit dem Hund Fideel regelmäßig vom elterlichen Hof aus.

Ziel des ersten heimlichen Ausflugs war der Nachbarhof Frie, mit seinen drei alten, unverheirateten Tanten und einem ebenso kinderlieben Knecht. Die Visite lohnte sich. Ein paar getrocknete Birnen und je ein Stück brauner Zucker fielen für den kleinen Ausreißer und seinen vierbeinigen Begleiter ab. Stunden später fand der auf die Suche geschickte Bruder Heinrich die beiden.

Von Neugier angetrieben, zog es Alwis und seinen Hund zwei Wochen drauf an den nah gelegenen Teich. Hier traf Heinrich, inzwischen geschulter Bruderfährtenleser, Alwis und Fideel an, wie sie im Abendrot aufmerksam Enten und Frösche beobachteten.

Eines warmen Sommertages begaben sich die Beiden in der Mittagszeit mit einem kleinen Handwagen erneut auf die Reise. Nachdem das Fehlen des Jüngsten und seines Begleiters auf Olbmanns Hof festgestellt worden war, wurde Heinrich wieder zu Nachbar Frie und an den Teich ausgesandt. Diesmal leider vergebens.

In größter Sorge stellte Vater Hermann einen Suchtrupp zusammen. Dazu gehörten die ganze Familie und die nächsten Nachbarn. In immer größeren Schleifen durchkämmten sie erst den Hof und dann seine Umgebung. Bis zum Einbruch der Dunkelheit fanden sie niemanden. Mutter Lisbeth weinte sich vor Kummer in den Schlaf.

Am nächsten Morgen kam der alte Förster von Gut Prössing mit seinem Gehilfen vorbei. Sie halfen mit, die weitere Umgebung abzusuchen. Einige Hundert Meter jenseits der Kreuzung von Bennings Weg und Küpers Diek wurde Nachbar Bärneken fündig. Auf dem abgelegenen Flurstück „Elsbecke“ saß Alwis im Gras und blickte den Finder mit beerenverschmiertem Mund munter an. Abgesehen von einer Zecke im Haar war er unversehrt. Bärnekens Zuruf „Ich hab ihn!“, breitete sich wie ein Lauffeuer aus. Zu guter Letzt versammelte sich der ganze Trupp wieder auf Olbmanns Hof.

Vater Hermann sang vor Vergnügen, Mutter Lisbeth weinte vor Freude, als sie den verlorenen Sohn erleichtert in die Arme schlossen. Hermann bedankte sich bei allen Helfern. Wenn einige von ihnen nun dachten, Zeugen einer gehörigen Tracht Prügel für den Ausreißer zu werden, hatten sie sich geirrt. Die Eltern schimpften Alwis nicht einmal aus. Vorsorglich schlossen sie allerdings den Handwagen für die nächsten Wochen im Schweinestall ein.

Ob ausgerechnet der verwöhnte Schimmel das zu lasch fand und meinte: Strafe muss sein? Jedenfalls nahm Nux ohne Vorwarnung einen Hosenträger des Kleinen ins Maul und hob diesen daran so hoch empor, dass alle angstvoll aufstöhnten. So stand der Schimmel, schnaubte durch die Nüstern und blickte herausfordernd in die Runde.

Erst nach einer ganzen Weile setzte das Ross Alwis wieder ab. Diesem war bei der „Strafaktion“ zum Glück nichts geschehen. Bruder Heinrich wollte dem Schimmel sofort mit dem Gürtel kräftig eins überziehen. Aber das ließ der Vater nicht zu. Die Aufregung der Umstehenden habe sich auf den Schimmel übertragen, weiter nichts. „Somit unschuldig!“ Bei diesem Freispruch blieb es.

* * *

Soweit die überlieferte Familiengeschichte. Sie wird den in der Kutsche Versammelten schon bald wiederbegegnen – wenn auch in abgewandelter Form.

Auf Höhe von Gut Prössing lümmeln einige Kaninchen herum. Angeregt von den wärmenden Strahlen der Morgensonne, treiben sie auf der Rindener Chaussee ihren Frühsport. Nux nimmt die Herausforderung gleich an und macht einen ebenso gewagten Satz zur Seite wie das Karnickel auf der Straße vor ihm. Dadurch wäre die Kutsche um Haaresbreite auf die Seite gekippt. Kurze Zeit schweben zwei Räder frei in der Luft bis sie ächzend, aber zum Glück ohne Speichenbruch, wieder auf dem Asphalt landen.

„Hab ich es nicht immer gesagt?“, schimpft Mutter Lisbeth. „Mit diesem untauglichen Schimmel passiert nochmal ein Unglück!“

Statt einer Antwort klettert Vater Hermann vom Bock, packt Nux am Halfter und lässt ihn eng geführt Schritt gehen. Als das, wie er findet, gute Tier sich beruhigt hat, steigt Hermann wieder ein: „Hüh, Schimmel, hüh!“

Von links nähert sich ein junger Mann im grünen Lodenanzug. Er geht Richtung Rinden. Offenbar ein Kirchgänger.

Hermann sagt zu Mutter Lisbeth: „Kickes dor, der junge Förster. Den wollen wir mitnehmen. Sein Vorgänger hat uns geholfen, Alwis zu suchen, als der uns damals über Nacht ausgebüxt war.“

Nux bleibt stehen und dreht den Kopf nach links, als ob er den Förster einladen wollte einzusteigen.

„Sie können gerne mitfahren“, wendet Lisbeth sich an den Forstmann. „Aber Sie sehen ja: Wir haben Kinder dabei. Darum bitte keine Gruselgeschichten, von denen die Kinder hinterher schlecht träumen!“ Wenn es um die Unterhaltung in der Kutsche geht, will Lisbeth nichts riskieren. Neulich haben sie nämlich einen Metzger mitgenommen, der blutrünstige Spukgeschichten zum Besten gab.

Mit dem Versprechen, nichts vom Teufel zu erzählen, steigt der Förster ein.

Nichts vom Teufel, aber vom Pferd schon. Denn als der Fahrgast den Schimmel im Geschirr munter vor sich hin traben sieht, erinnert er sich an eine denkwürdige Episode, von der ihm sein Vorgänger, der alte Förster, bei der Übergabe der Dienstgeschäfte berichtet hat: von einem Ausreißer und einem Schimmel. Dabei habe der Alte, vielleicht um die Spannung zu steigern, recht geheimnisvoll getan und ihm keine Namen genannt.

Auf die Frage, ob sie die Geschichte etwa schon kennen, reagieren Hermann und Lisbeth mit einer unbestimmten Handbewegung. Die

Jungs halten sich die Hand vor den Mund, um nicht los zu prusten. Und ob sie die Geschichte vom Ausreißer und dem Schimmel kennen – das sind sie ja selbst gewesen! Offensichtlich bemerkt der Förster nicht, dass er hier echte Mitwirkende vor sich hat.

Sich als eingeweihte „Zeitzeugen“ zu erkennen zu geben, kommt jedoch nicht in Frage. Denn was der, für sein Jägerlatein berüchtigte, alte Förster seinem Nachfolger vielleicht für einen Bären aufgebunden hat, würden sie sonst nicht erfahren. Somit lautet die Devise: schweigen und genießen! Das können die Westfalen.

Die Geschichte des alten Försters beginnt, wie die Familie sie kennt: mit dem mehrfachen Ausbüxen des Hofjüngsten.

Doch schon bald setzt das Jägerlatein ein. Und zwar als der Suchtrupp zusammengetrommelt wird: Dem will sich der alte Förster nicht erst am Morgen des zweiten Tages, sondern gleich zu Beginn der Suchaktion standepee[19] angeschlossen haben.

Den Fund des verlorenen Sohns am Ende der Suche, nimmt in der Geschichte des alten Försters dieser höchstselbst für sich in Anspruch. Nicht etwa ein dahergelaufener Nachbar, sondern der Forstmann persönlich will den Ausreißer im Gras sitzend entdeckt – und vor einem hungrigen Fuchs gerettet – haben. Mit einem einzigen Schuss aus der Jagdbüchse habe er Reineke zur Strecke gebracht, als dieser dem Kleinen auflauerte. Der alte Förster: ein westfälischer Superheld.

Dem Förstergehilfen sei eine – wenn auch kleinere – rettende Tat zu verdanken. Dieser habe den Hund Fideel aus einer bei Küpers Diek

19 Stante pede: stehenden Fußes, ohne zu zögern, sofort.

aufgestellten Hasenfalle befreit. Auch der westfälische Superheld braucht eine rechte Hand für Alltägliches.

In glühenden Farben erzählt der junge Förster nach, wie Nux Alwis, zurück auf dem Hof, in erzieherischer Absicht am Hosenträger zu packen gekriegt habe und „mätt dänn Junge in de Muhle äs ne apportierenden Hund öwwern Hoff"[20] gejagt sei. Auf der anschließenden Verfolgung habe der Schimmel sich in der Wiese mit erhobenem Schweif aufgebäumt wie das Westfalenross im Landeswappen. Dabei sei Alwis´ Hosenträger durchgescheuert, der Junge dem Pferd aus dem Maul gefallen und hart, aber unverletzt gelandet.

Der Rest der Geschichte entspricht wieder in etwa den Olbmanns bekannten Tatsachen.

Die Moral von der Geschichte lautet aus Försters Sicht: Eltern haben ihre Kinder stets streng zu beaufsichtigen, um sie vom „Ströhpen"[21] abzuhalten. Sonst würden am Ende noch Wilderer aus ihnen!

„Das ist ja allerhand, was der alte Förster Ihnen da erzählt hat. Was davon wahr ist und was nicht, ist die Frage", sagt Hermann. Dann zeigt er nacheinander auf Alwis auf der Rückbank und Nux im Geschirr der Kutsche. „Jedenfalls sitzt da der Ausreißer. Und da läuft der Schimmel. So viel steht mal fest!"

Der entgeisterte Blick des jungen Försters ist ein Genuss für die ganze Familie.

„Je öller dänn Förster, dästoh döller sinn Jägerlatein!"[22], setzt Hermann noch einen drauf.

Alle lachen, Nux wiehert dazu.

---

20 Mit dem Jungen im Maul wie ein apportierender Jagdhund über den Hof.

21 Umherstreifen; Wild auftreiben und jagen (wenn Kinder und Erwachsene ohne Jagdschein es tun).

22 Je älter der Förster, desto toller sein Jägerlatein!

Gerade noch pünktlich erreicht die Kutsche die Laurentiuskirche. Während der Messe ist Alwis nicht recht bei der Sache. Viel zu sehr beschäftigt ihn das soeben gehörte „Jägerlatein". Eine tolle Geschichte - was man doch alles mit ein wenig Vorstellungskraft aus tatsächlichen Erlebnissen machen kann! So möchte er eines Tages auch erzählen können, nicht wahr?

Wahr ist, dass Schimmel Nux es bis an sein Lebensende auf Olbmanns Hof gutgehabt hat, obwohl er auch als alter Gaul launisch und übermütig blieb. Bis heute sind Pferde auf dem Hof als Freunde und Wegbegleiter hochangesehen. Die Fotos im Hofbuch – einem Album mit Zahlen und Anekdoten aus über zwei Jahrhunderten – zeigen nicht nur Menschen, Gebäude und Trecker, sondern oft auch Pferde. Namen wie Alarich, Halla und Nux werden über Generationen in Ehren gehalten. Sie gehören einfach zur Familie.

Im Gegensatz zur strengen Förstermoral ist aus meinem Opa Alwis trotz der vielen Freiheiten, die er als Kind genossen hat, kein verruchter Ströhper[23] geworden. Vielmehr hat er es zum Gründer und Leiter einer Sparkassenfiliale gebracht. Einem Leiter, der fließend Platt spricht und mit dem Fahrrad Hofbesuche in der Bauerschaft macht.

Über seine Ausreißer- und Pferdeerlebnisse berichtet mein Opa bis ins hohe Alter voller Wonne.[24] Immer wieder treten dabei neue, erstaunliche Details zutage. Zuletzt ein gewaltiger Sprung, mit dem der Schimmel – den Kleinen am Schlafittchen gepackt – eine mannshohe Dornenhecke überwunden haben soll. Von meinem Opa

23 Wilderer.

24 Vgl. *Bernhard Olbing*, N´e kläine Loopschütte, Kreisjahrbuch Borken 1985, S. 171 ff; vgl. auch *derselbe*, Schlachter Gratz vertellt van sien Wark un siene Beläwnisse, Kreisjahrbuch Borken 1980, 228 ff.

lerne ich, was er einst vom alten Förster des Guts Prössing behalten hat: Eine gute Geschichte ist nie ganz fertig, nicht wahr?

Mein Opa ist schon hochbetagt, als er sich eines Tages mit zwei Jugendfreunden trifft. Die Männer schwelgen in Erinnerungen an eine gräfliche Treibjagd auf Gut Prössing. Diese Jagdschnurre soll hier nicht neu aufgerollt werden. Festzuhalten ist nur das durchaus wehmütige Gefühl, das die drei Jagdveteranen überkommt, als sie auf das gemeinsame Jugenderlebnis im Jahr 1915 zurückblicken: Es war ein schöner Tag, der leider nicht noch einmal zu erleben ist.[25]

Dafür gibt es westfälische Geschichten.

25 Vgl. *Bernhard Olbing*, Ne Grööwlicke Driewjagd in Antke-Vaders Tieden, Kreisjahrbuch Borken 1986, S. 147 ff.

# *Beinahe-Wechsel von Ahdorf nach Versmold (1960)*

Noch manche westfälische Geschichte hätte ich aus meiner Familie zu erzählen. Aber mehr soll davon nicht auf dieses Sparbuch eingezahlt werden. Denn vieles ist schon veröffentlicht.[26] Vieles, aber nicht alles.

Versmold, 1960. Seit über zehn Jahren arbeitet mein Vater, Paul van Scholze, als Textilingenieur beim Ahdorfer Textilindustriebetrieb Hardich & Oelling. Mit dem Wirtschaftswunder wachsen der Wohlstand, sein Bauch und die Bereitschaft, sich beruflich zu verändern. Auf einer Geschäftsreise besucht er das Partnerunternehmen Risius & Co. im ostwestfälischen Versmold, um über einen gemeinsamen Großauftrag zu sprechen. Die Versmolder genießen einen ausgezeichneten Ruf. Paul deutet seinem dortigen Ansprechpartner gegenüber an, dass er sich eine neue Tätigkeit vorstellen könnte. Eine Woche später wird er zum Vorstellungsgespräch eingeladen.

Der Tag des Interviews ist da. Es findet im Firmenkontor statt. Drei Versmolder Manager fühlen Paul auf den Zahn. Chemie, Farbenlehre und Rechnungswesen – das ganze Programm wird geprüft. Dabei hinterlässt er einen sehr guten Eindruck. Seine Gehaltsvorstellungen decken sich mit den Möglichkeiten der Personalabteilung.

Nachmittags steht das entscheidende Gespräch des Kandidaten mit Herrn Risius, dem Chef des Unternehmens an. Es findet im Herrenzimmer seiner Villa statt. Risius ist ein Patriarch vom alten Schlag. Er trägt Anzug, Einstecktuch und Brille mit goldener Fassung. Auf dem Tisch stehen eine Kanne Kaffee und ein Apfelkuchen mit

26 Siehe statt vieler *Christoph Scholten*, Oben links – Geschichte einer Heimkehr, 2023.

Schlagsahne. Der Patriarch und Paul greifen zu. Sie haben sofort einen Draht zueinander. Die Zeit verfliegt, es wird Abend. Man steigt in die Kellerbar herab. Bei Pils, Schnittchen und Gurken gehen die beiden vom Fachlichen zum Allgemein-Menschlichen über.

Die Nacht breitet ihren heimeligen Schleier über das Städtchen. Die Männer werden immer munterer. Sie legen die Krawatten ab und wechseln vom Pils zum Weinbrand. Vom Weinbrand zum gemeinsamen Steckenpferd Völkerkunde.

„Ja, die alten Azteken", sagt Risius und schnalzt mit der Zunge.

„Und die Brukterer erst", antwortet Paul mit einem wissenden Lächeln.

„Die Cherusker nicht zu vergessen", erwidert der Patriarch. „Ich heiße übrigens Josef."

„Paul."

„Prost, Paul."

„Prost, Josef."

Gegen Mitternacht erheben sie sich schwankend von ihren Barhockern. Sie stellen übereinstimmend fest: „Wir verstehen uns so prächtig. Es wäre einfach zu schade, hieraus ein normales Arbeitsverhältnis zu machen."

Die Zwei verabschieden sich herzlich voneinander. Paul übernachtet im Hotel. Am nächsten Tag fährt er heim. Er sagt der Personalabteilung von Risius & Co. ab. Bleibt bei Hardich & Oelling. Und behält sein inniges, aber folgenloses Vorstellungsgespräch im vertraulichen Kästeken[27] der Erinnerung.

* * *

Versmold, 2014. Auf meiner Radtour von Berlin nach Ahstadt mache ich im Dreieck zwischen Bielefeld, Gütersloh und Münster Sta-

---

27 Schränkchen.

tion. Ohne vom Beinahe-Wechsel meines Vaters hierher etwas zu ahnen, gefallen mir, neben der abschließbaren Fahrradgarage des hiesigen Hotels, besonders die von alten Eichen umstandenen Bauernhöfe der Umgebung. Als ich meiner Mutter später von dem schönen Fleck im Kreis Gütersloh erzähle, erinnert sie sich schmunzelnd an die Versmolder Episode ihres Mannes.

Außer mit ihr hatte mein Vater mit niemandem darüber gesprochen. Er gehörte zu einer Generation, die schweigen konnte.

Genug geschwiegen. Es wäre einfach zu schade, diese westfälische Geschichte hier auszusparen.

# Pariser Geschichten

Paris, 2005. Was führt einen Westfalen in die schönste Stadt der Welt? Das Gleiche, was 80 Jahre zuvor den Zollbeamten Wilm Grehpenställ von Berlin nach Vaddinghook geleitet hat: eine glückliche Versetzung. So darf ich, Christian van Scholze, drei Jahre lang den-Deutschen Redenschreiberverband beim Internationalen Redenschreibersekretariat in Paris vertreten. Dank eines deutsch-französischen Verwaltungswunders namens Abordnung, folgt mir meine Frau Dorit vier Monate später in die französische Hauptstadt.

Bis es so weit ist und wir beide hier leben und arbeiten, wird Dorit in Berlin immer wieder von Freunden, Verwandten und Nachbarn gefragt:

„Wie geht es Christian in Paris?".

Sie gibt bereitwillig Auskunft, muss dabei aber feststellen: Die Leute können sich kaum länger als zwei Sätze lang konzentrieren. Schon beim dritten Satz hören sie nicht mehr aufmerksam zu. Sie sind zwar interessiert, doch der deutsche Alltag fordert ihre ganze Aufmerksamkeit.

So kommt die Idee der „Pariser Geschichten" auf. Kurze Szenen aus einer nahen, aber erstaunlich anderen Welt, die der Leser zwischendurch bei einer Tasse Kaffee locker aufnehmen kann. Bei diesem Format bleibt es auch, als Dorit zu mir nach Paris gezogen ist.

Verglichen mit den barocken Erzählungen meines Opas Alwis Olbmanns, sind die Pariser Geschichten kurz. Zu kurz?

Die meisten Leser meinen das nicht.

Mein Opa, der alte Sparfuchs, hätte gesagt: „Heb deine Döhnkes mal gut auf, Christian. Das wird dann so eine Art Geschichtensparbuch. Wenn du genug angelegt hast, gibst du das Ganze gesammelt heraus."

So mache ich´s.

# *Franzosen, Deutsche und ihr Publikum (Juni 2005)*

Es ist früher Morgen auf der *Avenue Mozart*. Ein Pärchen zieht am Bankomat Geld. Das ist im Allgemeinen keine große Geschichte. Unsere beiden aber sitzen, Helm auf, mit cooler Mine auf einem Kleinkraftrad, das er über das Trottoir bis hart an den Automaten gelenkt hat. Absteigen geht nicht, das wäre nicht lässig genug. So verharrt auch die Sozia mit ihrer, über die Schulter geworfenen, grell-modischen Handtasche dicht hinter ihm auf der Sitzbank. Dafür hat sie die Kommandogewalt über Kreditkarte und Geheimzahl.

Während sie noch mit der einen Hand das frische Geld in ihrer Tasche verstaut, ist er wieder dran, und gibt das, was alle hier geben, wenn sie – *Mondieu!* – lange haben warten müssen: Gas. Sie klammert sich mit der freien Hand an ihn, das Gefährt schießt in sehenswertem Bogen über den Gehweg zurück auf die Avenue, fädelt gekonnt in den Verkehr ein und verliert sich als malerischer Punkt im Dunst.

Was bleibt, ist ein blaues Wölkchen verbranntes Zweitaktöl und dem staunenden Passanten die Gewissheit, dass hier jeder noch so alltäglichen Verrichtung Eleganz innewohnt – vorausgesetzt, es gibt ein bisschen Publikum.

Diese Leichtigkeit der Bewegung geht uns Deutschen oft ab. Das gilt vor allem, wenn wir in fremder Umgebung nicht wissen, wohin, und sperriges Gut mitführen. So geschehen im Fall der Spedition J. aus dem norddeutschen K., bei Auslieferung meiner Beiladung. Zur vereinbarten Zeit – es ist Dienstagabend, sechs Uhr – ruft mich der Disponent aus K. an, um mir mitzuteilen, dass der Lastwagen sich schon ganz in der Nähe meines Appartements in einem kleinen Stau auf der Ringautobahn befände, kurz vor meiner Ausfahrt *Porte d'Auteuil*. Der Fahrer werde sich bald telefonisch bei mir melden.

So geschieht es:

„Ja, Lohmeier hier am Apparat, von der Spedition J. Wo muss ich denn hier längs fahren?"

„Nehmen Sie die *Avenue Mozart*, empfehle ich und erläutere: „Das ist eine zweispurige Einbahnstraße, stadteinwärts. Sie können gar nichts verkehrt machen. Hinter dem *Citroën*-Händler rechts ab. Dann sind Sie schon da."

Schon? Was folgt, ist eine lange Reihe hektischer werdender Funksprüche. Immer wieder buchstabiert Herr Lohmeier mir unbekannte Straßennamen: „Err, uh, eh - also Ru-he; und dann kommt da so ein komischer Name ..."

Ich unterbreche ihn und wiederhole möglichst ruhig meine Ausgangsempfehlung: „*Avenue Mozart* – österreichischer Komponist, *Citroën* – französischer Autohändler, große Schaufenster, rotes Firmenschild ..."

Und so weiter. Ein erster Zwischenerfolg stellt sich wenige Minuten später ein: „Herr van Scholze, ich hab ihn: den *Peugeot*-Händler! Muss ich jetzt vorher oder hinterher rechts ab?"

Intensives Befragen des zunehmend um Fassung ringenden Fahrers ergibt, dass das Bordnavi nicht auf Frankreich programmiert und der Stadtplan ein „büschen klein" ist. Zu allem Überfluss ist bald mal Tanken fällig. Ich empfehle für die weitere Orientierung, ein Taxi zu engagieren. Das verstößt aber gegen die Fernfahrerehre.

Wer beschreibt die Freude, als schließlich, zwei Stunden später, um acht Uhr der ersehnte Wagen, groß wie ein Schiff, unter meinem

Balkon anlegt? Erschöpft steigt Herr Lohmeier aus der Kabine. Um ihn wieder aufzubauen, setze ich ihm in der guten Stube Croissants und Cola vor und lasse ihn kauend von seinen Abenteuern erzählen: „Bannig eng war das in so ner schmalen Stichgasse, links und rechts nur ein Haar breit Platz! Da gab das aber kein Zurück mehr! Sowas hatte ich noch nie, echt! Da haben die Leute aber geguckt!" Man sieht: Wenn es bei uns Deutschen auch nicht immer elegant zugeht, Sinn fürs Publikum haben auch wir.

Letzten Freitagnachmittag fahre ich mit meinem von der Spedition überführten Hollandrad gemächlich die *Champs-Elysées* entlang. Plötzlich ertönt aus zahllosen Lautsprechern ein zackiger Militärmarsch. Paris übt musikalisch für die große Parade zum Nationalfeiertag am 14. Juli. Mit klingenden Pauken, Trommeln und Trompeten radle ich würdevoll weiter und grüße mit erhobener Hand die fiktiven Zuschauermassen auf den tatsächlich noch leeren Tribünen.

Ein erhabenes Gefühl – fast schon französisch.

## *Rückkehr, Besuch und kleine Fluchten (September 2005)*

Zu den tiefsten Einschnitten im Jahreskreis der Franzosen, gehört die schmerzliche Rückkehr aus den langen Sommerferien. Denn in Frankreich dauern sie acht wundervolle Wochen. Jedes Jahr Anfang September ruckeln mit einem Schlag die Fließbänder wieder an; Bäcker kneten, Metzger tranchieren und beide verkaufen wieder; Politiker streiten, Unzufriedene streiken wieder; Lehrer diktieren, Schüler notieren wieder. Und die in Paris ansässigen internationalen Sekretariate halten dringend anberaumte Sitzungen ab, zu denen wieder – ausschließlich dienstlich interessierte – Delegierte aus aller Welt reisen.

Die Umstellung auf Normalbetrieb ist wirklich keine Kleinigkeit nach bis zu zwei Monaten, vorzugsweise an der heimischen Küste verbrachter Beschaulichkeit, süßem Nichtstun und der nun – ach! – als Illusion entlarvten *liberté toujours*. Mit dem Wechsel verbundene Depressionen werden offen zur Schau getragen. Etwa wenn Juliette, die Wirtin des wieder geöffneten *Petit Sud-Est*, den bestellten Toast zunächst ungetoastet auftischt und den Nachbestellten vergisst, weil sie ihre im Gegensatz zum Toast tiefgebräunte Haut viel lieber ihrem Spezi am *zinc* (Tresen) zeigt.

Nach einigen Wochen Trübsal blasen, kippt die Stimmung ins Positive. Vor dem Straßenlokal *Chez Régis* (auf der Terrasse mit Blick über den Fluss aller Flüsse, auf den Turm aller Türme) schwappen mit Zitrone und Pfeffer überhäufte Austern auf Eis. Soignierte Herren knacken Krebsscheren. Und überhaupt leben alle ganz dem Augenblick des brüchigen, aber anhaltend schönen Spätsommers. Wer fragt da noch nach Depressionen? *Mais non*, es gibt doch nichts Besseres, als wieder hier zu sein!

Dort zu leben, wo andere Urlaub machen, ist Glück und Verpflichtung in einem. Um dieses nicht immer leichte Los auch in Paris erträglich zu gestalten, muss die Frage „Was tun mit dem Besuch?" sorgfältig überlegt werden. Eine schwierige Frage, angesichts des üppigen Angebots und der breit angelegten Interessen der Besucher. Da trifft es sich gut, dass meine organisatorisch begabte Frau Dorit inzwischen, dank eines deutsch-französischen Verwaltungswunders, von einer häufigen Paris-Besucherin zur ständigen Bewohnerin geworden ist.

Was immer wir uns mit den Besuchern auch anschauen, für gutes Essen muss gesorgt sein. Bewährt hat sich z.B. ein französischer Kalbfleischeintopf mit Lauch und Möhren (*Blanquette de Veau*). So etwas Kräftiges braucht man auch. Denn die zu Fuß zurückgelegten Strecken sind immer länger als erwartet – und höher: Mit der mutig aus dem Wohnstift ausgebüxten Patentante hatten wir Gelegenheit, jede einzelne Stufe von der tiefsten Sohle der Metrostation *Trocadéro,* bis hinauf ans Tageslicht zu zählen. Wir kamen auf 88 – nur wenig mehr als die am Arm von Dorit wacker folgende Tante alt ist.

Schnell unterwegs sein musst du auch. Stell dir vor, du steigst als Erster in die bereitstehende Vorortbahn ein. Hinter dir gleiten mit einem bedrohlichen Fauchen die kräftigen Schiebetüren zu, während der Zug sich in Bewegung setzt. So geschehen beim Paris-Besuch meiner Mutter. Die Scheiben der Schiebetür sind staubig und verkratzt, sodass ich meine Mutter beinahe nicht erkannt hätte, als sie wie gelähmt auf dem Bahnsteig zurückbleibt. Nur mit einem beherzten Sprung durch den letzten Spalt zurück auf die Plattform, kann ich einer längeren Trennung der Familienreisegruppe zuvorkommen. Insgesamt sind gute Nerven gefragt. Der Patenjunge (2. Klasse) kann die Klotüre schon selbst verriegeln, aber das Öffnen kommt erst nach den Ferien dran ... Zum Glück ist ein praktisch begabter Maschinenbauingenieur in der Nähe, der mit einer Münze das Schloss überlistet.

Am besten ist es an Bord eines *Seine*-Dampfers, wenn alle Besucher an Deck sitzen, der Schiffsdiesel behäbig blubbert, die schönsten Seiten der Stadt sanft vorbeigleiten und wieder Glückshormone die schicksalserprobten Adern des Paris-Bewohners durchströmen.

In solchen Augenblicken fühle ich mich denen nahe, die sich innerlich nie ganz mit *la rentrée* abgefunden haben und deshalb mit dem Gedanken an kleine Fluchten spielen. Dem fortschrittlich gesonnenen Teil der Pariser Bevölkerung steht dafür Halloween zur Verfügung. Konservative, allen voran der Klerus, beäugen solch angelsächsische Unbräuche mit Argwohn, etwa wenn im Pfarrbrief (absichtlich?) von „Holywins" die Rede ist.

Weit verbreitet ist die morgendliche Flucht in die Bar. Hier wetten Männer am *zinc* auf Pferde, verlieren meistens und beugen sich dann schweigend über einen *petit café*. Wohlig gleitet ihr Blick über das kleine Idyll: Tasse auf Resopal; daneben, nur schemenhaft wahrgenommen, die Schlagzeilen der Metrozeitung. Worüber die Männer dabei wohl sinnieren? Ich glaube, über nichts. Diese Kunst haben sie uns – den Besuchern wie den Zugezogenen – voraus.

# *Im Auktionshaus (Dezember 2005)*

Ein Nachmittag im Auktionshaus gewährt tiefe Einblicke in das Leben der Pariser Bevölkerung. Anders als auf dem lärmenden Flohmarkt, wo Amerikaner, Deutsche und Italiener willkommen sind, sind bei den *ventes aux enchères publiques* die Einheimischen beinahe vollkommen unter sich. Das ist kein Zufall, denn von außen lässt der für den vornehmen 16. Bezirk ungewöhnlich hässliche Betonbau nichts von seiner edlen Bestimmung ahnen. Neben der Einfahrt einer Tiefgarage tritt das Publikum seitlich in eine mit kräftiger Farbe, üppigen Gobelins und dem reichhaltigen Versteigerungsgut geschmackvoll gestaltete Halle ein. Dort herrscht gedämpftes Raunen.

Nach einer letzten dezenten Vorbesichtigung der antiken Möbel, Gemälde, Teppiche und des Schmucks tritt der respektvoll mit *maître* angeredete Auktionator ans Pult und ergreift den Hammer. Heute verwertet der mit seiner massigen Statur und löwenartigen Mähne stark an den Filmschauspieler Gérard Depardieu erinnernde Mann einen vollständigen Wohnungsnachlass. Die Ausmaße der Immobilie, welche die ganze Pracht einst fassen konnte, sind schwer vorstellbar. Meine Frau Dorit und ich tippen auf zehn Zimmer.

Am Rande wird gescherzt. Der ältere Herr, den die Familie vor uns auf einen der wenigen noch freien Stühle gedrückt hat, wird Bekannten angepriesen: „*Vous voulez l'acheter? Il est en bon état* (Möchten Sie ihn kaufen? Er ist in gutem Zustand)!“

Der feilgebotene Patriarch nickt ergeben und lächelt milde.

Einzelheiten werden deutlich: das stark abgenutzte Polster eines tiefen Sessels (der Zuschlag erfolgt zum Mindestgebot – 30 Euro) lässt auf einen langen ruhigen Lebensabend des Vorbesitzers schließen. Ein von den Bietern verschmähtes Ölporträt der noch jugendlichen Queen Elisabeth II. erinnert an den weltläufig-sinnenfrohen Blick des Sammlers. Wenn der Auktionsfluss hin und wieder stockt – denn längst nicht alles ist billig –, hilft der *maître* nach. Er schwenkt eine scheußliche Statue zu 300 Euro: „*Mais c'est cadeau* (Das ist doch geschenkt)!"

So umworben, wollen Dorit und ich bei günstiger Gelegenheit Porzellan ersteigern. Allerdings stellt sich die Frage, wohin mit einem Service für 36 Personen in einer Wohnung mit deutlich weniger als zehn Zimmern? Eine erfahrene Pariserin weiß Rat: „*Sous le lit* (unters Bett)!"

Diesem Rat folgend, ersteigern wir aufgeregt ein über 100 Teile umfassendes Porzellanservice mit Goldrand. Der Preis von 350 Euro ist in Ordnung, der Zuschlag von 100 Euro für den *maître* hält sich im Rahmen. Bleibt nur die bange Frage: Ob das Service unters Bett passen wird? Es passt.

Solche Kontakte mit den Hiesigen bleiben die Ausnahme. Einheimische sind reserviert. Dies ist in gewisser Weise verständlich. Jedes Jahr strömen 20 Millionen Besucher in diese Stadt und machen einem u. a. die freien Plätze in den 7.000 Restaurants streitig. Am ehesten nimmt sich noch der Zeitungsverkäufer oder die Bäckersfrau die Zeit für ein Schwätzchen mit uns.

Häufig stellt sich heraus, dass der vermeintlich Pariser Gesprächspartner tatsächlich von auswärts stammt: der schwarzhaarige Nachbar aus Belgien, der freundliche Haushaltswarenhändler aus Spanien, der rundliche Pralinenverkäufer aus dem Libanon, der Rugby spielende Kneipengänger aus der Bretagne usw. Nicht ganz klar, ist die Herkunft des Bettlers vor unserer Pfarrkirche. Von einigen Gemeindemitgliedern wird er herzlich geduzt. Für lokale Abstammung spricht auch, dass er sich schwankend erhebt und mit einer Verbeugung einen schönen Sonntag wünscht, als Dorit ihm etwas zusteckt. Wo außer in Paris gäbe es das sonst?

Unsere französischen Freunde leben in Poitiers, Rennes und Straßburg, kommen also aus *la France profonde*, der Provinz. Bei ihren Hauptstadtbesuchen lästern wir gemeinsam über *le parisianisme* – jenes selbstverständlich sich selbst zum Maß aller Dinge erhebende Hauptstädtergehabe. Dieses geht vereinzelt so weit, dass mancher Paris-Bewohner meint, seine vor Ort angestellten Beobachtungen quartalsmäßig zu Papier bringen und in alle Welt versenden zu müssen. Als ob es nichts Wichtigeres auf der Welt gäbe als Pariser Geschichten!

# *Notizen aus der Normandie (Mai 2006)*

Der französische Kalender bietet den Parisern im Frühjahr reichlich Gelegenheit, aufs Land zu fahren. An einem dieser langen Wochenenden bereisen meine Frau Dorit und ich die Normandie.

Normannische Kühe heben den weißen Kopf und schauen aufmerksam von der Weide zu uns herüber. Mit ihren schwarz umrandeten Augen scheinen sie eine Brille zu tragen. Bäume stehen weiß in Blüte. Daraus werden glückliche Äpfel wachsen. An der Küste liegen bekannte Orte aufgereiht. Im mondän gestalteten Deauville treffen wir noch auf vereinzelte Bus- und Tagestouristen. Im Sommer geht es hier anders zu. Das legt die Tafel nahe, die am Eingang eines exklusiv eingezäunten Strandabschnitts Eintritt verlangt. 550 Euro kostet ein Jahresliegeplatz – nicht für Boote, sondern für Menschen.

Unsere kleine Landpension liegt im saftigen Hinterland. Hier brennt das Licht abends spärlich. Als ich nachts aus dem Zimmerfenster spähe, weil ich mich wundere, was da draußen so laut reißt, rupft und schlingt, spähe ich vergebens. Alles ist völlig schwarz. In der Lichterstadt Paris lässt der Abglanz der Straßenlaternen, Auto-, Häuser- und Turmbeleuchtungen keine noch so verborgene Ecke ganz im Dunkeln liegen. Hier draußen kann ich nur ahnen, dass das geheimnisvolle Geräusch von einer grasenden Kuh stammt.

Zum Frühstück gibt es Saft von glücklichen Äpfeln, Joghurt, Brot, Salzbutter, Konfitüre, Dessert und Kuchen. Wir schwatzen mit dem Wirt. Er hat den Fachwerkhof aus dem 18. Jahrhundert eigenhändig instandgesetzt. Wenn unser Französisch mal versagt, quittiert er das nicht mit den in Paris üblichen hochgezogenen Augenbrauen. Man versteht sich einfach. Der Hofhund heißt nicht etwa französisch *Mi-*

*lou*, sondern irisch *U 2*. Wir streicheln ihn gerne, und er wird gerne gestreichelt. Weltoffene Provinz.

Der rotwangige Priester verabschiedet uns nach der Sonntagsmesse in der Dorfkirche mit kräftigem Handschlag. Kein abschätziger Blick fällt dabei auf unsere staubigen Wanderschuhe. Im Schaufenster des Dorfladens sind keine Ballerinas mit Papiersohlen, sondern solide Gummistiefel ausgestellt. Zurück auf dem Hof wartet der Wirt mit einer Flasche Cidre auf uns. Wir leeren sie mit ihm im Schatten eines Apfelbaums.

Auf der Cidre-Kirmes im Nachbardorf gibt es an allen Ständen dasselbe: Rohmilchkäse, Cidre, Apfellikör und den hochprozentigen „Calvadooos!“, wie ihn der Mann am Mikrofon anpreist. Die Sonne scheint. Eine Kapelle spielt. Ein mit glücklichen Äpfeln gemästetes Schwein schlendert die Dorfstraße entlang. Alle kaufen, als ob es nie wieder Milch- und Apfelprodukte geben würde. Wir auch.

Leider gären die glücklichen Äpfel in uns nach. Wir fühlen uns wie eine Cidre-Flasche, kurz bevor der Korken herausschießt. Dorit findet ein WC am Rande der Kirmes. Mich erwischt es, als wir gerade wieder in Paris zurück sind.

Der Überdruck vom Obst hat bei uns keinen Überdruss über die Provinz hinterlassen. Am nächsten langen Wochenende fahren wir wieder hin.

# *Von Helden, Hunden und Herrchen (September 2006)*

Meine Frau Dorit und ich sind im August zum Wanderurlaub in den Pyrenäen. Eines Abends lockt uns eine besondere Attraktion ins Kino. Hier führt ein französischer Bergsteiger in einem selbst gedrehten Reisefilm vor, wie er mit einem Hundeschlitten und sechs mutigen Gefährten in Alaska den *Mount Mc Kinley* bezwungen hat. Gebannt verfolgen wir vom Klappsessel aus, wie zuerst die Hunde die Menschen und dann die Menschen die Hunde bergan ziehen. Am Ende steht die Gruppe etwas ungläubig auf dem eisigen Gipfel.

Nach dem Film darf das Publikum dem Berghelden Fragen stellen. Unerhört finden alle, dass die amerikanischen Naturhüter den weiteren Aufstieg vorübergehend per Funk verboten hatten. Begründung: Die Hunde würden die Natur verschmutzen. Erst die Zusage, die tierischen Exkremente einzusammeln und ins Tal zu befördern, ermöglichte den Abschluss der Mission.

Auch in den Straßen von Paris wollen die Hunde Häufchen hinterlassen. Meist machen sie ungehindert aufs Trottoir. Der Hausmeister des Anwesens neben meinem Sekretariatsgebäude pflegt die Hinterlassenschaften morgens mit dem Wasserschlauch vor unseren Zaun herüber zu spritzen. Unser Hausmeister revanchiert sich. Nach einigem Hin und Her, landet das Ganze schließlich in der Gosse.

Dort hätte es von vornherein hingehört. Daran erinnert den Passanten ein auf die Bürgersteige der Stadt gepinseltes Symbol. Unter den mit weißer Farbe ausgeführten Konturen eines Dackels weist ein Pfeil in Richtung Rinne. Tatsächlich sehen wir aber nur wenige Frauchen (und kein einziges Herrchen), die ihren Vierbeiner zu gegebener Zeit mit gekrümmtem Rücken an der Leine gen Gosse zerren.

Wir staunen nicht schlecht, als eines Abends ein unbegleiteter Pinscher aus einer schicken Stadtvilla tritt, zielstrebig über den Gehweg an die Bordsteinkante schnürt und sich dort, ohne menschliches Zutun, rechtskonform erleichtert.

Unterhalb der Bordsteinkante übernimmt die Pariser Straßenreinigung. Mit täglichem Wasserschwall sorgt sie für klare Verhältnisse in der Gosse.

Wer wissen möchte, wie es unter dem Gully weitergeht, wende sich an meine Frau Dorit. Sie hat die Pariser Kanalisation im Rahmen einer Führung des *Musée des Égouts de Paris* besichtigt. Seitdem lobt sie das Abwassersystem als einzigartig. Sie vergleicht den darin zu erkennenden Fortschritt für die Menschheit mit nichts Geringerem, als der Entdeckung des Penicillins. Aus Erfahrung weiß sie: „Es riecht dort unten auch gar nicht so streng."

Regelmäßig lädt sie unsere Besucher ein, mit ihr in die Unterwelt hinabzusteigen.
Die einen weichen aus: „Es ist zu wenig Zeit. Diesmal nicht."
Die anderen sagen höflich: „Vielleicht beim nächsten Mal."

Ich schreibe vorsichtshalber noch ein wenig länger an dieser Geschichte. Sonst könnte Dorit auch mich fragen.

## *Im* Bois de Boulogne *(Dezember 2006)*

Wenn man sich die Stadt aller Städte als graue Tasse mit zwei gegenüberliegenden grünen Henkeln vorstellt, ist der *Bois de Boulogne* der Linke und der *Bois de Vincennnes* der Rechte von beiden Griffen. Da meine Frau Dorit und ich den westlichen Teil der Tasse bewohnen, liegt für uns der linke Henkel *Bois de Boulogne* am nächsten.

Nach alter Überlieferung ist dies der Wald, in dem die Sonne untergeht: Ein bei Nacht gefährlicher und daher tunlichst zu meidender Ort, wo Räuber hausen und Wölfe heulen; allzeit eine Zuflucht finster dreinblickender Spitzbuben mit schwarzem Schnurrbart und idealer Standort für unterirdische Hehlerlager. Objektiv betrachtet, war der *Bois de Boulogne* einst die an Steineichen und Wild reiche Domäne der französischen Könige. Heute ist der Wald mit 846 Hektar eine der grünen Lungen der Stadt. Weil die Bäume nicht mehr so stark sind wie früher, wird aufgeforstet.

Reiseführer warnen Touristen, dass bei Einbruch der Dunkelheit das Unterholz, trotz aller Bemühungen der Polizei, zum Jagdgebiet lasterhafter Wesen werde. Prostituierte, die auf sich halten, blicken verächtlich auf die „Waldarbeiterinnen" herab, weil es zwischen den Bäumen an Waschgelegenheiten mangelt.

Ich selbst habe den Wald bei regelmäßigen Joggingrunden und Fahrradtouren durchstreift. Überwiegend tagsüber, teils aber auch im Laternenschein der beleuchteten Runde um den See *Lac inférieur*. Von leichten Sportverletzungen abgesehen, ist mir nichts Schlimmes passiert. Zwar stehen immer wieder grell geschminkte Schöne am Wegesrand, manche auf rotem Teppich vor einem Wohnmobil, die Meisten ohne solche Ausstattung. Doch alle erkennen sie uns abgekämpfte und bargeldlose Sportler auf hundert Meter gegen den Wind. Wir gehören nicht zum Beutemuster. So registrieren Schöne und Schnelle sich aus den Augenwinkeln, tun so, als ob nichts wäre, und lassen einander in Frieden.

Ansonsten trifft der Waldbesucher auf Biederes: bauchige Boule-Spieler, kantige Kartenbrüder, lustige Leihkahnruderer und wegerfahrene Wanderer. Einmal im Monat nehmen Dorit und ich an geführten Wanderungen des Freizeitclubs des Internationalen Redenschreibersekretariats teil. Dabei ist die einstündige Mittagsrast unter freiem Himmel, mit Brot, Käse, Wurst und Wein heilig, auch wenn der Regen gefriert. Denn die Wandergruppe ist von französischen Senioren geprägt. Es heißt, dass Franzosen nur wandern, um zu essen. Wir freuen uns auf die Dezemberwanderung. Dann soll es zum Aufwärmen eine Runde Punsch mit Wodka geben. Vielleicht wird nach dieser Runde Dorits bisher vornehm übergangener Wunsch, gemeinsam Wanderlieder zu singen, endlich erhört. Dass Deutsche ausschließlich wandern um zu singen, ist natürlich ein haltloses Gerücht.

Weihnachten schlägt Zirkus Gruss im *Bois de Boulogne* sein Winterlager auf. Unsere Pfarrgemeinde ist zur Mitternachtsmesse in sein großes Zelt eingeladen. Ob auch die Grellschönen aus dem Wald hereindürfen, um ihre kalten Füße zu wärmen? Wir wünschen es ihnen. Wir kommen doch alle aus einer Tasse!

## *Unterwegs in freier Wildbahn (März 2007)*

Paris wird für vieles gerühmt. Neuerdings gibt es sogar einige Stellen, wo man einmal in der Woche radeln kann, ohne gleich über den Haufen gefahren zu werden. So steht an Sonntagen eine *Seine*-Uferstraße nur für Radfahrer, Skater und andere Sonderlinge offen – ein buntes Zoogehege. Mutig, wie wir sind, lenken meine Frau Dorit und ich unsere Räder jenseits des Geheges in den freien Wochenendverkehr hinaus. Hier balgen Zwei- und Vierräder miteinander um ihren Platz im knappen Verkehrsraum der Stadt. Bisher ist es für uns immer gut gegangen.

Werktags gewinnt der Wettbewerb an Schärfe. Wer hier durchkommt, wird respektvoll behandelt, wenn auch manchmal aufgrund falscher Annahmen. Unser Gemüsehändler fragt mich mit Blick auf mein schwarz glänzendes Hollandrad der Marke Gazelle: *„Ils sont tous comme ça chez vous, les bicyclettes, en Angleterre (Sind die Fahrräder alle so bei Ihnen in England)?"*

Eine bei Radfahrern gefürchtete Gefahrenquelle im morgendlichen Berufsverkehr ist die Beifahrertür. Geduldig lauert sie auf Beute, um blitzschnell zuzustoßen, sobald ein Rad sich anschickt, die an roter Ampel wartende Autoschlange rechts zu passieren. Nicht, dass die Autofahrer hier gar keine Skrupel hätten, aber: *„Attention chérie, il y a un cycliste* (Pass auf, Liebling, da kommt ein Radfahrer)!", ruft der aufmerksame Ehemann am Steuer der aussteigenden Gattin zu.

*„Il attendra, ton cycliste, il attendra* (Er wird warten, dein Radfahrer, er wird warten)!", entgegnet die Enteilende. Die Tür fliegt auf, ich bremse und komme knapp davor zum Stehen.

Madame steigt aus, wirft den Schlag krachend zu und zischt mit flammendem Blick: *„Merde* (Sch …)!"

Weil Franzosen mich auf meiner Gazelle meist für einen höflichen Engländer halten, erwidere ich brav mit: „*Morning* (Morgen).“

Da ist sie sprachlos, die Schlange aus der Autoschlange.

Solche Erlebnisse schweißen zusammen. Ein paar Ampeln weiter bietet mir ein Motorrollerfahrer eine Sportwette an: Wer zuerst die nächste Kreuzung erreicht, gewinnt ein Bier. Ich verliere das Rennen deutlich – und brauche doch keinen auszugeben. Die Wette war nur ein Spaß unter Zweiradfahrern. Der Rollerfahrer knattert lässig winkend davon.

Wer den Gegner auf vier Rädern verstehen will, muss sich in ihn hineinsetzen. Zum Beispiel in einen der dunklen Dienstwagen des Internationalen Redenschreibersekretariats, um einen Besucher vom Flughafen abzuholen. Es ist Dienstagnachmittag. Als auf dem Ring fünf Kilometer Stau nach einem Unfall gemeldet werden, verlassen wir flugs die verstopfte Autobahn und stehen bald auf einem verstopften Boulevard.

„*Regardez, comment ils faufilent* (Gucken Sie, wie die vordrängeln)!“,

beschwert sich mein französischer Fahrer, als einige Fahrradkuriere an uns vorbeieilen. Ihr Vorsprung soll nicht lange halten. Wir ziehen nach rechts. Überwinden eine weiß gestrichene Längssperre. Und wechseln rumpelnd auf die parallel verlaufende Busspur. Auf offener Piste schießen wir voran, bis die Spuren sich wieder vereinen. Anerkennend verneigt der Chauffeur sich vor einem Taxi, das sich uns angeschlossen hatte. Jetzt driftet das Taxi quer über die Kreuzung auf die Gegenfahrbahn. Mit einem ähnlich kühnen Manöver gelangen wir zurück auf den nunmehr freien Ring. „*Ah, je suis le renard de la route, moi* (O, ich bin der Fuchs der Straße)!“, ruft mein Fahrer begeistert aus.

Ich nicke atemlos.

Unversehrt und pünktlich erreichen wir den Flughafen – eine fahrerische Meisterleistung.

Ob er solche Touren auch in seinem Privatwagen dreht, frage ich ihn.

„*Mais non, Monsieur, pas question* (Aber nein, mein Herr, das kommt nicht in Frage)!“

Ob etwa auch ich zu jenen Leichtsinnigen gehöre, die hier Rad fahren, fragt er mich. Dabei schaut er mich besorgt an, als ob nicht mein Fahrrad, sondern ich eine Gazelle wäre, unterwegs in freier Wildbahn, täglich bedroht von Fuchs und Schlange.

Ich antworte sehr westfälisch: „*Mais oui, Monsieur, vive le vélo* (Aber ja, mein Herr, es lebe das Fahrrad)!“

# *Im Restaurant (Mai 2007)*

In Wien sagt man: „Ein Spaziergang ist nur ein Umweg ins Wirtshaus.“ In Paris denkt auf dem Weg zur nächsten Stärkung niemand an Extratouren. Mittags ab ein und abends ab acht Uhr, hallen die zielstrebigen Schritte unzähliger Hungriger übers Pflaster. Nichts hält sie auf. Sie eilen in eines der 7.000 Restaurants der Stadt.

Für ein komplettes Menü darf die Zeit nicht knapp sein. Bei Suppe oder Vorspeise, Hauptgericht, Käse, Dessert und manchmal noch Obst verstreichen abends leicht zwei bis drei Stunden. Mittags müssen ein paar Gänge weniger reichen. Für noch Eiligere gibt es auch in der Stadt aller Städte Sandwich-Bars und Burger-Ketten. Aber wer auf sich hält, meidet diese Lokale.

Das fürs Restaurant nötige Geld bringen viele Franzosen gerne auf. Eines Sonntags stehen meine Frau und ich staunend vor der Preistafel des Luxusrestaurants *Grand Véfour* beim *Palais Royal*. Das Mittagsmenü kostet 78 Euro, das abendliche *menu plaisir* (Freudenmahl) 256 Euro. Dazu erklärt uns ein Kundiger bei einer Stadtführung: „Das ist nicht zu teuer. Dafür muss man einfach eine Zeit lang sparen!“

Wir fühlen uns in etwas einfacheren Restaurants, Brasserien und Bistros wohl. Oft beginnt der Lokaltermin mit harten Verhandlungen über den einzunehmenden Platz. Wenn keiner der begehrten Tische vorn am Fenster mehr frei ist, sollte man sich auf keinen Fall in den Keller setzen lassen. Ein deutliches *„Non!“* wird einem nicht krummgenommen. Vielmehr kann dies der Beginn einer wunderbaren Freundschaft mit dem *patron* und seiner *équipe* sein.

Überzeugend zu bestellen, ist der Grundstock jeder harmonischen Beziehung zum Kellner. Wenn alles gut geht, kommentiert er die getroffene Auswahl mit feinem Nicken, komplizenhaftem Lächeln oder gar dem mit der Zunge schnalzenden Ausruf: *„Parfait* (perfekt)!“

Es sind nicht die schlechtesten Lokale, in denen die Servicekräfte frühabends vor der Öffnung selbst essen und trinken, was auf der Karte steht. Daher wissen sie, was mit welchem Wein am besten schmeckt. Gerne geben sie Ratschläge: „Möchten Sie das Lamm wirklich *bien cuit* (durchgebraten) haben? Wenn Sie mich fragen, schmeckt es à point (medium) besser. Dazu passt unser Rotwein ...“ Und so weiter.

Heute haben uns zwei Freunde in eine Brasserie mit langer Geschichte und üppigem Dekor eingeladen. Die Bestellung verläuft perfekt. Denn einer unserer Freunde ist Elsässer und somit ein Kenner der guten Küche. Dann warten wir eine ganze Weile. Meine Frau Dorit drückt unsere wachsende Vorfreude so aus: „Mit Hunger essen ist schöner als küssen!“
Endlich kommt das Essen. Wir brechen das Baguette, erheben das Glas und erleben, was mein Vorgänger im Internationalen Redenschreibersekretariat mir bei der Übergabe mit auf den Weg gab: „Sie essen hier nicht, um zu essen, sondern um zu genießen und sich dabei über Gott, die Welt und das Essen zu unterhalten.“

Nach Kaffee und letztem *Digestif* (Verdauungsschnaps), lässt der Aufbruch sich irgendwann nicht länger hinausschieben. Unser Kellner verabschiedet uns mit Handschlag auf bald. Es ist ein erhabenes Gefühl, mit unseren Gastgebern an der Schlange der vor dem Lokal geduldig Wartenden vorbei zu defilieren. Sie versuchen, an unserer Haltung abzulesen, ob das Essen nach ihrem Geschmack sein wird – ähnlich wie Kinogänger beim Wechsel von der Abend- zur Spätvorstellung in den Gesichtern der Hinausströmenden verstohlen nach Spuren von Lachen oder Weinen suchen. Satt und wohlig, wie wir sind, geben wir heute eine gute Werbung ab.

Es spricht nichts dagegen, in ein Lokal, das abends gut gefallen hat, mittags zu Geschäftsessen zurückzukehren. Dies scheint mein Vorgänger vorbildlich beherzigt zu haben. Wenn er auf Paris-Besuch im *Petit Sud-Est* einkehrt, wird er von der schönen Chefin Juliette nicht nur wiedererkannt, sondern mit Küsschen links und rechts begrüßt – attraktiver Lohn jahrelanger Kundentreue.

Noch acht Monate bleiben mir, um vom Handschlag des Kellners zu *bisous* der Chefin aufzusteigen. Soll ich mich über diese Aussicht freuen? Ich bin mir nicht sicher, denn wenn die Sache mit den Chefinnenküsschen anfängt, ist wohl das Ende unserer drei Pariser Jahre nahe.

## *Hochzeitstag in der* rue Mouffetard *(Juli 2007)*

In anderen Teilen der Welt nennt man es „Fressgass“, in Paris heißt die für deftige Kost bekannte Adresse *rue Mouffetard*. Auf dem Platz am Fuß dieser sanft ansteigenden Straße, im Studentenviertel *Quartier Latin*, wird aber nicht nur deftig gegessen, sondern auch zum Akkordeon gesungen und getanzt. Eine volkstümliche Veranstaltung, bei der alle Passanten mitmachen dürfen. Wer den Liedtext nicht auswendig kennt, bekommt einen Zettel in die Hand gedrückt. Wer nicht singen kann, tanzt. Wer nicht tanzen kann, isst. Mit einem Wort: *musette* - genau das Richtige für unseren zwölften Hochzeitstag!

Sonntag, 11.00 Uhr. Wir haben uns schick gemacht. Zünden in der Pfarrkirche *Saint-Étienne-du-Mont* eine Kerze an. Und steigen bergab zum uns empfohlenen Tanzplatz. Dorits Musikwunsch *„L'important c'est la rose“* wird sofort erfüllt. Schon drehen wir uns mit anderen Paaren auf der kopfsteingepflasterten Tanzfläche. Neben uns wiegt ein bärtiger Schirmmützenträger aus Marokko gekonnt eine hochgewachsene Finnin in den Armen. Am Rand lauert ein geckenhafter Eintänzer mit großen Karos auf der Jacke einsamen Amerikanerinnen auf. Der Mann am Akkordeon wechselt sich am Mikrofon mit anderen Sängern ab.

Christian heißt der Akkordeonist. Seit über zehn Jahren versammelt er einmal die Woche Gleichgesinnte aus dem Viertel um sich. Nichts läge ihnen ferner, sagt er uns, als einen Verein zur Erhaltung populärer Ziehharmonikamusik zu gründen. Vielmehr seien sie ein loser, bunter Kreis, den keine Satzung, sondern einzig der Spaß an der Freude verbindet. Mögen die Bürger in ihren edlen Vierteln sonntags Blumen und Pralinen kaufen. Mögen sie mit diesen Gaben zum viele Stunden währenden Mittagessen chez Mami (zur Oma) gehen. Mögen sie sich dort gepflegt langweilen. Christian und seine Freunde treffen sich viel lieber hier auf diesem Platz, unter freiem Himmel, vor gut gelauntem Publikum.

Um zwei Uhr nachmittags packen sie ein. Es geht ins Stammlokal *Mouff'tôt Mouff'tard* (Muff früh, Muff spät). Wir schließen uns spontan an. Am Tresen der schummerigen Schänke vereinen sich Akkordeon, Gitarre und Querflöte wieder mit den Sängern. An kleinen Tischen mit rotweißen Papierdecken werden herzhafte Menüs verzehrt. Der Wein fließt in Strömen, die Hausmarke gibt´s aus großen, schwappenden Tonkrügen.

Im Trubel erzählt uns die rot-schwarz gewandete Viviane, dass sie glücklich pensionierte Deutschlehrerin ist. Sie kommt regelmäßig hierher. Nur mit dem Eintänzer dürfe sie nicht tanzen, weil sonst dessen Frau eifersüchtig werde. Der kahlköpfige Sébastien bezeichnet sich stolz als den wohl einzigen Franzosen, der seinen Militärdienst freiwillig in Deutschland abgeleistet hat. Im Kaiserstuhl sei es fast so schön wie in Frankreich.

Ich lerne einen weiteren Christian kennen und gebe mich als Dritter im Bunde zu erkennen. Gerade erklärt Christian II. mir, Christian III., hingebungsvoll, dass Flöte immer für ambiance (Stimmung) sorgt, Trompete aber für la classe (Klasse). Deshalb spiele er auch Trompete. Da geht Dorit aufs Ganze. Sie bestellt bei der Trompete, Christian II., das Kultlied „Je ne regrette rien“ – und sie fordert den Eintänzer auf. Schon tanzen sie schwungvoll miteinander. Viviane und ich nicken anerkennend: eine mutige Damenwahl.

Gegen halb fünf verlassen Dorit und ich das vor Stimmung berstende Lokal. Mit uns schwemmt es die Australier Dorothy und Richard auf die Straße. Erst müssen sich unsere Augen wieder an das Tageslicht gewöhnen. Dann unterhalten wir uns mit dem Paar. 50 Tage sind die beiden auf Rundreise in Europa. Fünf davon in Paris. Einen Tag werden sie in Deutschland verbringen.

„So you will go to Berlin?"

„No, we will see the Schwarzwald!"

So wie uns die musette mit offenen Armen empfangen hat, hoffen wir, dass Bollenhut, Kuckucksuhr und Titisee das Richtige für die beiden Australier sein werden. Akkordeon ist bei den Schwarzwaldmusikanten auf jeden Fall dabei, versichere ich ihnen.

Ein wunderbarer Hochzeitstag!

## *Die stille Stadt, die Liebesordnung und der Süden (August 2007)*

Waren Sie schon einmal im August in Paris? Es könnte sein, dass Sie dann keinen einzigen gebürtigen Pariser getroffen haben. In ruhigen Wohnvierteln wie unserem, rasseln Anfang des Monats vor den Schaufenstern der kleinen Geschäfte bleischwere Jalousien aufs menschenleere Trottoir. Sie bewegen sich wochenlang nicht mehr nach oben. Erst ist Ausverkauf, dann keiner mehr da. Auch in unserem Wohnhaus herrscht Stille. Letzte Nachbarn huschen durch die Eingangshalle und fragen einander: „*Et vous partez quand en vacances* (Und wann fahren Sie in Ferien)?"

Irgendwann ist *tout Paris*, die ganze Stadt, verreist. Wer sich dem Sog widersetzt, findet zwar leicht eine leere Parkbank, muss aber weit fahren, um eine Zeitung zu kaufen. Meine Frau Dorit und ich stellen nach zwei Wochen stiller Stadt fest: Paris ohne Pariser ist einfach nichts.

Erleichtert brechen wir zum Wanderurlaub in den Süden auf. Natürlich gemeinsam. Wir achten auf unseren Ruf. Wäre Dorit zu Beginn der großen Ferien Mitte Juli ins Urlaubsquartier vorausgefahren, hätte mir das möglicherweise einen schlechten Ruf eingetragen.

Denn nach hiesiger „Liebesordnung" reserviert *Monsieur* für seine Geliebte normalerweise die Nachmittagsstunden zwischen fünf und sieben Uhr. Deshalb heißt Seitensprung auf Französisch *cinq á sept* (fünf bis sieben). Aus diesem engen Takt, so sagt man, könne das heimliche Liebespaar nur zu Ferienbeginn ausbrechen, wenn *Madame*, meist mit den Kindern, bereits am Ferienziel angekommen sei. In diesen Wochen könne die Affäre ohne Zwang zur Pünktlichkeit gepflegt werden.

Unser Urlaubsdomizil liegt dieses Jahr in den südfranzösischen Alpen. Hier lernen wir einen besonderen Sportler kennen. Edgar, der 67-jährige Vermieter unserer Ferienwohnung, braucht höchstens zwei Stunden, um den Bergpass von *Barcelonnette* nach *Nizza* mit dem Rennrad zu überwinden: *„J'y ai mis deux heures, mais c'était mon effort le plus faible* (zwei Stunden habe ich dafür gebraucht, aber das war meine schlechteste Zeit)!", tönt er und schüttelt dabei seine schulterlange, graue Mähne.

Natürlich sammelt er das Beifußkraut für seinen hochprozentigen Hauslikör nur in schwindelerregender Höhe! Und selbstverständlich hat er die übers ganze Ferienhaus verteilten 130 Skipokale alle selbst gewonnen!

So läuft das hier also, denke ich: Treibe Sport und rede darüber.

Auf dem Rückweg nach Paris machen Dorit und ich Station in Burgund. Wir wollen zum ersten Mal einige Etappen auf dem französischen Teil des Jakobswegs gehen. Vom Wallfahrtsort *Vézelay* wandern wir ins Städtchen *Charité-sur-Loire*. Sechs Tage benötigen wir für die knapp 100 Kilometer. Die Landschaft ist herrlich, doch unsere Rucksäcke sind viel zu schwer – ein Anfängerfehler. Ich habe sogar Ersatzschuhe dabei. Schon bald tut Dorits Knie weh, am rechten Fuß plagt sie eine große Blase.

Aber wir halten durch. Am Ziel angekommen, gehen wir als erstes in die Kirche. Wir zünden eine Kerze an – geschafft. Dann weiter in die Apotheke, um neues Gelpflaster zu kaufen und unsere Rucksäcke zu wiegen: 10 und 14 Kilo. Das ist das Doppelte von dem, was Wanderern als Tragelast empfohlen wird. Laut verkünde ich: *„Je vaux deux pèlerins, moi* (ich zähle für zwei Pilger)!"

Die Apothekerin lacht. Ob etwa die vollmundige Art unseres südfranzösischen Vermieters auf mich abgefärbt hat?

* * *

Acht Jahre später erlangt unser Urlaubsort *Barcelonnette* traurige Berühmtheit. Im März 2015 stürzt in der Nähe des Alpendorfs ein Airbus A 320 der Germanwings auf dem Weg von Barcelona nach Düsseldorf ab. Alle 150 Insassen sterben. Unfallursache ist laut Abschlussbericht der französischen Untersuchungsbehörde ein Pilotensuizid.

# *Schwarze Vergangenheit (September 2007)*

Jedes Jahr am 30. September wird der Internationale Tag des Übersetzens begangen. Auch in Paris finden aus diesem Anlass regelmäßig öffentliche Veranstaltungen statt. Es gehört zu meinen dienstlichen Aufgaben, das Internationale Redenschreibersekretariat bei solchen Anlässen zu vertreten. Denn nur dank guter Übersetzer können Redenschreiber grenzüberschreitend und völkerverbindend wirken. Das muss gewürdigt werden.

Heute Abend bin ich mit meiner Frau Dorit zum Internationalen Übersetzerempfang eingeladen. Weil mir die Abkürzung im Briefkopf der Einladung nichts sagt, bin ich mir nicht sicher, wer nun unser Gastgeber ist: vielleicht ein Kulturinstitut, eine Stiftung oder doch eher ein Verlag? Wir beschließen, einfach hinzugehen. Vor Ort angekommen, geht es in die *belétage* einer ansehnlichen Jugendstilvilla. Plaudernd, essend und trinkend mischen wir uns unters internationale Übersetzervolk. Mittendrin gibt ein sympathischer Amerikaner auf unsere leise gestellte Frage zu, dass auch er nicht weiß, wer das hier ausrichtet. Dann lassen auch wir es auf sich beruhen. Weder an diesem Abend noch später erfahren wir, wer uns zu dieser schönen Veranstaltung eingeladen hat.

Nach Ende des Empfangs schlendern Dorit und ich durch den dunklen, vornehmen 16. Bezirk nachhause. Der Magen schwer von Häppchen, der Kopf leicht vom Champagner, sehen wir an der ersten Straßenecke einen großen schwarzen Kleidersack mit weißem Aufdruck der Nobelmarke *Christian Dior* liegen.

Die trägen Häppchen raten uns: „Lasst das schwere Ding liegen – das macht nur Ärger!"

Der spritzige Champagner hält dagegen: „Nehmt es mit, nehmt es mit – das ist spannend!"

Der Champagner gewinnt. Wir sind wahnsinnig neugierig, was in dem Sack steckt. Aber ich weiß, dass Fundunterschlagung strafbar ist. Deshalb eigne ich mir die Textilen nicht zu, sondern bringe die Fundsachen artig zur Polizeiwache an der *Avenue Mozart*. Dort melde ich einen mutmaßlichen Autoeinbruch. Der diensthabende Gendarm ist gerade mit seinem Abendessen beschäftigt. So weist er meine Verbrechenstheorie genervt zurück. Kühn behauptet er, die Kleider gehörten gewiss einem Obdachlosen. Beflügelt vom Champagner, wende ich ein, ich wisse ja nicht, was die Obdachlosen in Paris trügen, aber da, wo ich herkäme, hätten sie nicht *Christian Dior* an. Darauf murmelt der Uniformierte Verwünschungen, seine Augen glimmen vor Wut. Er streift einen Gummihandschuh über. Blättert lustlos durch die Kleider im Sack. Kann keinen Hinweis auf einen Dieb entdecken. Und fragt mich herausfordernd: „*Et alors* (und jetzt)?"

Ich biete an, den Sack bei mir zuhause zu lagern.

Wir verbleiben so: Wenn ich binnen einer Woche nichts von der Polizei höre, gebe ich die Sachen in einem Wohltätigkeitsbasar ab. Ich habe nie wieder etwas von der Sache gehört.

* * *

Oktober 2014. Für ein Wochenende angereist, feiern wir Dorits 50. Geburtstag mit Familie und Freunden in der schönsten Stadt der Welt. Am Samstagnachmittag durchstreife ich mit einem Teil der Festgesellschaft den *Bois de Boulogne*. Plötzlich stehen wir vor einem riesigen Neubau. Wir fragen uns: Was ist das? Ein Fahrradfahrer erklärt es uns: Es handelt sich um das jüngste Prestigeprojekt eines Pariser Milliardärs. Mit dem von einem Stararchitekten entworfenen, 11.000 Quadratmeter großen Ausstellungs- und Konzertgebäude will der mit seinem Luxusgüterkonzern reich gewordene Stifter es allen zeigen. Ich frage nach dem Namen des Stifters. Der Radfahrer antwortet: „*B. A. – Bernard Arnault*“. Die Franzosen lieben Abkürzungen.

Augenblicklich tritt Schweiß auf meine Oberlippe. Mit schlechtem Gewissen erinnere ich mich an den Abend mit dem Kleidersack. Anders als bei der Polizei angekündigt, habe ich den Sack später nicht im Basar der *Fondation d'Auteuil* abgegeben, sondern die Kleidungsstücke eines nach dem anderen anprobiert. Sie passten wie angegossen, sogar die schwarzen Markenslips. In alle war sorgfältig das Monogramm eingestickt: *B. A.*

Himmelspforte, 2050. Was geschieht nach dem Tod mit armen Sündern, die zu Lebzeiten Wäsche von Milliardären auftrugen, die sie eigentlich einem wohltätigen Zweck zuführen sollten? Der französische Pfortenbeamte von Petrus fragt mich, wo ich diese Sünde beging. Als ich gestehe, in Paris, lächelt er verständnisvoll. Trotz meiner schwarzen Vergangenheit darf ich hinein. Unter Auflagen: Jährlich am 30. September soll ich von meiner Wolke herab ein Grußwort an die internationalen Übersetzer richten. Und nie wieder – bei diesen Worten glimmen seine Augen mich merkwürdig vertraut an – brave Gendarmen beim Abendessen stören!

## *Metzgermesse in* St. Eustache *(Dezember 2007)*

Wer im Pariser Hallenviertel nach Hallen sucht, schaut vergebens. Seit dem Abriss zehn eiserner Pavillons in den 70er Jahren klafft dort, wo sich einst der Bauch von Paris wölbte, ein zugiges, rechteckiges Forum. Nichts erinnert mehr an 800 Jahre Marktgeschehen, nur der Blick auf *St. Eustache*, die Pfarrkirche der Händler, ist geblieben.

Der Pfarre fehlt nun zwar mit den alten Nachbarn die Stammkundschaft. Eine gemeinsame Tradition pflegt sie jedoch, typisch Paris, trotzig weiter: Einmal im Jahr tritt in der riesigen Kirche die Metzgerinnung zur *messe du Souvenir des Charcutiers* (Metzgergedenkgottesdienst) zusammen. Dazu verliest der *président* (Zunftmeister) die Namen der in den vergangenen zwölf Monaten Verschiedenen. Die der toten Metzgerinnen zuerst – wir sind in Frankreich.

In diesem Jahr findet die 199. Metzgermesse statt. Die Kirchenpforten stehen auch Nichtmitgliedern offen. Anschließend soll es etwas zu essen geben. Gespannt treten meine Frau Dorit und ich in das dicht gefüllte Kirchenschiff. Unser Banknachbar ist ein pensionierter Postbote. Stolz trägt er seine Kokarde, ein kreisförmiges Abzeichen in den französischen Nationalfarben. Erregt dreht er den Kopf und blickt zum Eingang: *„Ils arrivent* (sie kommen)!"

Mit Orgel und Chorgesang ziehen nach dem Klerus die vom *Président* angeführten Zunftmitglieder ein. Blau wehen die Umhänge, rot glühen die Wangen, stolz stehen die Schnurrbärte. Vier Männer mit weißer Kochmütze tragen ein Silbertablett. Darauf ist ein rosiger Schweinskopf in Aspik gebettet. Essig duftet durch die gebauschte Klarsichtfolie. Ich bekomme Hunger.

Passend legt der Prediger die Bibel aus: *„Jésus disait à ses disciples: Jamais un bon arbre ne donne des mauvais fruits. C´est à dire: Un bon charcutier ne vend pas de mauvaise marchandise!* (Jesus hat zu seinen Jüngern gesagt: Ein guter Baum trägt nie schlechte Früchte. Das heißt: Ein guter Metzger verkauft keine schlechte Ware!)"

Davon können wir uns persönlich überzeugen. Nach der Messe werden links vom Altar üppige Platten mit Fleischterrine und Käsegebäck zu *Beaujolais*-Rotwein gereicht. Es schmeckt vorzüglich.

Besonders schön: Auch die Armen und Obdachlosen des Hallenviertels sind willkommen. Wir sehen drei *Sans-abris*, die einen Becher Rotwein nehmen. Das sind ganz sicher gute Früchte im Sinne der Bibel.

Nur der Schweinskopf unter seiner Folie bleibt unangetastet. Er grinst vom Podest aus in den Mittelgang. So als wollte er sagen: Uralte Riten lassen sich nicht aus dem Zentrum sanieren, Brauchtum und Geschäftssinn sind stärker als alle Moden der Zeit.

Was die Innung wohl nach der Messe mit dem Kopf in Aspik anstellen wird? Wir tippen auf Export in die Normandie. Eine regionale Spezialität ist dort Kalbskopf, ein undurchschaubarer, mit mächtiger Senfsahne überbackener Eintopf aus Wange, Ohr und Nase. Und wenn es einmal kein Kalb ist – merkt kein Schwein.

Wir gehen glücklich nach Hause. *Merci, Paris*, für drei wunderbare Jahre!

# Berliner Geschichten

Berlin-Zehlendorf, 2008. „Bei den Franzosen brennt noch Licht“, sagt Tierarzt Dr. Mild zu seiner Frau. Bevor sie zu Bett gehen, stehen die beiden an warmen Abenden gerne vor der Tür, schnappen frische Luft und lassen den Blick über die Straße schweifen, auch zu uns. Wir wohnen in der Doppelhaushälfte schräg gegenüber. Die Franzosen – so nennen sie meine Frau Dorit und mich, seit wir aus Paris wieder da sind. Wir hören das gern.

Irgendwann ist auch die schönste Versetzung zu Ende. So ging es dem Zollbeamten Wilm Grehpenställ und seiner Familie in Vaddinghook. So geht es uns nach drei Jahren Paris. Das bedeutet auch: keine Pariser Geschichten mehr.

Nach ein paar wehmütigen Wochen merke ich: Zu erzählen gibt es doch auch in Berlin reichlich. Was hat sich hier in den letzten drei Jahren verändert? Was ist zum Lachen? Was nervt? Was fällt mir als westfälischem Franzosen auf? Wohin zieht es die Touristen? Was macht die Kunst?

Ach ja, das Licht. Gleich gehe ich nach oben und knipse es aus. Aber vorher versuche ich mich mal an einer „Berliner Geschichte“.

## *Wieder da (September 2008)*

Meine Frau Dorit und ich sind zurück aus Paris. Beim ersten Spaziergang durch unser Zehlendorfer Viertel an der Holländischen Mühle stellen wir fest: Die kleine Post um die Ecke hat mit einem Wasserbettengeschäft fusioniert. Neben dem DVD-Verleih hat eine Pommes-Bude eröffnet. Das Fleisch für die Currywurst stammt von glücklichen Schweinen.

Unsere Nachbarn sind rührend. Als wir unsere Freunde zur Wiedersehensfeier in den Garten einladen, leiht uns ein Nachbar ungefragt seine beiden Heizstrahler, obwohl es gar nicht kalt ist. Andere bieten unseren Gästen ihren Parkplatz an und schenken uns Blumen. Auf einer Karte steht geschrieben: „Schön, dass Sie wieder da sind!“

Nun, in den Geschäften und Lokalen, Bussen und Bahnen sagt niemand mehr freundlich *Madame* und *Monsieur* zu uns. Und niemand käme auf die Idee, den Fernsehturm am Alexanderplatz oder den Funkturm auf dem Messegelände nachts zur vollen Stunde glitzern zu lassen, nur weil das wie beim Eiffelturm schön aussähe. Pure Energieverschwendung wäre das! Haben wir noch nie gemacht!

Wir haben also ein wenig Heimweh nach Paris. Doch wir wollen uns nicht beklagen. Berlin hat uns und unseren Besuchern viel zu bieten. Mit zwei Freunden aus Paris gehen wir samstagmittags im Prenzlauer Berg frühstücken. Das tun hier fast alle. Entsprechend viele Straßencafés gibt es. Sie heißen zum Beispiel „Anna Blume“, „Sowohl-als-auch“ oder „Entweder-oder“. In unserem Café bestellen viele Gäste Rührei, welches die arme Kellnerin auf vierstöckigen Etageren durchs Gedränge an die kleinen wackeligen Tische balancieren muss. Wir essen Croissants und lassen den Blick über die Straße schweifen. Der Friseur gegenüber heißt „Schnittstelle“. Nebenan bietet ein Geschäft Tortenständer und -aufbauten an. So einiges fühlt sich für uns in Berlin noch neu an. Zum Beispiel die Etagere mit dem Rührei. In Paris wäre es auf einem flachen Teller serviert worden. Mehrstöckige Konstruktionen sind feineren Speisen wie Meeresfrüchten oder Pralinen vorbehalten.

Wir ziehen mit unseren Freunden weiter auf den Flohmarkt im Mauerpark. Da begleitet sich ein englischer Sänger auf der Gitarre und verkauft nebenbei Fladenbrot. Eine ältere Dame aus dem Viertel wundert sich vor einem Stand mit gebrauchten T-Shirts, was die Leute hier alles verkaufen: „Das kann man doch noch brauchen! Ich muss von sechshundert Euro im Monat leben!“ Dorit kauft und schenkt ihr ein Paar Hausschuhe im Tigerlook, für ihre fußkalte Wohnung. Die Dame strahlt. Dorit strahlt zurück. Doppeltes Glück zum Preis eines Milchkaffees.

Ein Wochenende später besuchen uns Verwandte aus Brüssel. Sie wollen unbedingt die Reste der Berliner Mauer sehen. Soweit sie nicht etwa in einer Gedenkstätte gepflegt werden, bröckeln die Mauerreste. An der *East Side Gallery* wurden bei Ausbesserungsarbeiten versehentlich einige Kunstwerke wie der in poppigen Acrylfarben ausgeführte Bruderkuss von Honecker und Breschnew abgetragen. Die Verwaltung bietet den betroffenen Künstlern pauschal jeweils 3.000 Euro, falls sie ihr Werk auf dem sanierten Mauerabschnitt rekonstruieren. Der Moskauer Maler des Bruderkusses beschwert sich: „Ich kann doch nicht einfach das Gleiche nochmal malen! Und warum 3.000 Euro? Warum nicht 30.000 oder 300?“

Das wissen wir auch nicht. Auf jeden Fall sind wir froh, dass an der Mauer so leidenschaftlich über Kunst gestritten, aber nicht mehr geschossen wird.

Wir besichtigen den ehemaligen Luftschutzbunker an der Reinhardtstraße. Ein Wuppertaler PR-Unternehmer stellt in dem fünfstöckigen Betonklotz seine Kunstsammlung aus. Drinnen ist vieles umgestaltet. Wände sind geweißt, Decken entfernt worden, wo der Kunstbunker sonst zu düster, drückend und eng erschien. An einem der wenigen Fenster des Baus liegt ein blasser Mann im Krankenhausbett. Er bewegt sich nicht, denn er ist eine lebensgroße Wachspuppe. Ahnungslose Hotelgäste von gegenüber rufen immer wieder nachts den Notarzt: „Sie müssen sofort kommen. Da liegt ein armer Kerl völlig hilflos im Bett. Seit Stunden ist kein Mensch bei ihm gewesen, um sich um ihn zu kümmern!" So erzählt es uns ein Kunststudent bei der Führung durch den Bunker. Noch hat kein Krankenwagen den wächsernen Patienten abgeholt. Sonst müsste ein weiterer Künstler wieder ganz von vorn anfangen. Für 300, 3.000 oder 30.000 Euro.

Mit unseren Besuchern sind wir uns einig: Berlin ist spannend – auch ohne glitzernden Turm. Langsam fühlen wir uns wieder zuhause hier.

# *„We kehr for you“*[28] *(November 2009)*

In Berlin ist alles größer als anderswo. Niemand würde sich trauen, die kräftigen Männer und Frauen von der Berliner Stadtreinigung (BSR) als „Kehrmännchen“ oder „Kehrmädchen“ zu bezeichnen. Zu gewaltig ist die vor ihnen liegende Aufgabe. Rund 400.000 Straßenbäume lassen in diesen Tagen wieder ihre tonnenschwere Blätterpracht auf unsere öffentlichen Wege fallen. Diese Pracht will eingesammelt werden.

Hinzu kommt das Laub privater Bäume. Gerade in vornehmen Wohnvierteln haben meine Frau Dorit und ich wiederholt Villenbesitzer in blauem Loden beim Laubfrevel überrascht. Mit elegantem, beim Golf geübtem Besenschwung schieben sie den im weitläufigen Vorgarten zusammengerechten Blätterhaufen in einem vermeintlich unbeobachteten Augenblick an der silbernen Limousine vorbei, herüber auf den Bürgersteig. So macht man aus einer privaten eine öffentliche Angelegenheit. Scheinbar unbemerkt – aber meine Frau Dorit sieht alles.

Mehr als genug Arbeit also für die orange gekleideten BSR-Kräfte. Mit bedächtigen Schritten rücken aus sechs Personen bestehende Trupps den matschigen Blättermassen zu Leibe. Sie bilden daraus übersichtliche Haufen. Die Trupps werden dabei von orange lackierten Kleinlastwagen mit Planierschild unterstützt. Wenn ein solcher Wagen die Haufen zu Bergen zusammengeschoben hat, hebt ein Bagger diese auf einen schweren Kipper. Der Kipper bringt die Last zu einer der BSR-Sammelstellen. Hier entstehen riesige Mengen Kompost.

---

28 Berliner Stadtreinigung (BSR), Werbeslogan 1999.

Auf den durch die ganze Stadt eilenden Fahrzeugen stehen in großen weißen Buchstaben auf orangem Hintergrund aktuelle BSR-Werbeslogans. Die Mutter dieser Slogans hat schon einige Jahre auf dem Buckel, ist aber unübertroffen: „We kehr for you". Dieses geniale Motto ist mehrfach ausgezeichnet und einmal, durch die Hauptstadt eines für seine Sparsamkeit bekannten Bundeslandes, geklaut worden. So ist der Spruch bundesweit bekannt.

Auch beim Laubkehren ist der Fortschritt nicht aufzuhalten. Bekanntes Beispiel: die Laubbläser. Jedes Jahr ab Oktober streifen täglich Einsatzkräfte, mit huckepack getragenen Zweitaktmotoren, durch öffentliche Parks und Grünanlagen. Die Motoren treiben die Geräte an. Alternativ stehen Elektroantriebe zur Verfügung. Der Strahl aus der Blasdüse ist in jedem Fall stark genug, um auch tropfnasse Blätter auf der Stelle weg zu pusten. Nicht nur Opas mit Enkeln sehen staunend zu.

Ich stelle mir vor, wie das Kehren weiter rationalisiert werden könnte: In einem High-Tech-Labor entwickeln Startup-Unternehmen ein Gestell, mit dem eine kombinierte Blas- und Flugzeugdüse fest und zuverlässig auf dem Rücken der Einsatzkräfte verankert werden kann. Am Ende würde das Ganze als fossil oder elektrisch angetriebene Ein-Personen-Flug-und-Kehrmaschine genutzt werden.

Zugegeben, an der Zielgenauigkeit muss noch gearbeitet werden. Es heißt, ein bei ersten Flugversuchen verwehter Freiwilliger sei am Montag kalt, aber lebendig aus dem Rangsdorfer See gefischt worden.

Bleibt die Frage: Wer würde künftig die vielen Start- und Landebewegungen koordinieren, die jedes Jahr im Herbst den Himmel über Berlin mit ihrem Zischen und Knattern erfüllen? Auf dem Tempelhofer Feld wäre zum Beispiel noch Platz für eine kleine Flugaufsichtsbaracke.

Die begleitende Imagekampagne steht ebenfalls in groben Zügen. Ein Foto wirbt mit sechs auf einer Blätterwolke oberhalb kahler Baumkronen dahinschwebenden Einsatzkräften. Darunter der Slogan: „Blätterbrei? We fly vorbei!“

## *Begegnungen mit dem Paradies (Januar 2012)*

New Yorker wollen nach der bekannten Hymne von Frank Sinatra in einer Stadt aufwachen, die niemals schläft. Berlin schläft ebenfalls nie: Viele Berliner tanzen nachts im Club und gehen dann frühstücken. Paradiesisch! Andere, zu denen meine Frau Dorit und ich gehören, schlafen nachts und lösen dann die Nachtschwärmer ab. Diese sehen wir zum Beispiel samstagvormittags, beim Frühstück in einem Straßencafé am Winterfeldtplatz. Hier hocken die übernächtigten *Party People* mit riesigen Sonnenbrillen auf der Nase. Knabbern an einem Bagel mit geschreddertem Hummer. Und gehen dann, so vermute ich, endlich zu Bett. An den Nachbartischen sitzen wir mit anderen Besuchern des Wochenmarkts. Essen Rührei mit Speck. Und freuen uns an der kurzen Begegnung mit dem Berliner Nachtleben.

Ja, Schlaf sortiert. Meine Frau Dorit legt gerne vor dem Zubettgehen einen kleinen Sofaschlaf ein. Nach langen Tagen gleitet ihr abends um halb neun das Buch aus der Hand. Der Kopf sinkt sanft aufs Kissen. Während solcher bis zu zwei Stunden dauernder Cocktailschläfchen und der anschließenden Bettruhe, sind weitere Begegnungen mit dem Berliner Nachtleben ausgeschlossen. Umso aktiver ist Dorit am nächsten Morgen. Joggen, Postkartenschreiben, später Arbeit, dann Garten: Nichts wird ihr zu viel.

Selbst wenn die Clubs früher öffnen würden als gegen Mitternacht – Dorit mag keinen Techno. Auch ich bin für mehr Abwechslung. So obliegt es mir, daheim für Musik zu sorgen und neben meinen Soul- und Discofavoriten ihre Lieblingslieder spielen. Von ABBA über Gilbert Bécaud bis zu Udo Jürgens: *music to keep your wife happy.* Zum Beispiel an Silvester in unserer Soulgarage. Wenn der

Pulverdampf des Feuerwerks sich lichtet, tanzen wir hier seit Jahren mit unseren durch Kinder und Mütter aus der Nachbarschaft verstärkten Gästen Beatfox, Polonaise und Sirtaki.

Passenden Nachschub für mein Schallplattenregal finde ich auf dem Flohmarkt. Dort treffen sich alte Hasen und junge Zufallskunden an den Ständen der Gebrauchtplattenhändler. Gemeinsam blättern wir in klammen Bananenkartons.
„Schon dies Album gesehen: *Best of Chic*?“, fragt mich der Händler. „Mann, von denen musste die Maxis kaufen, die haben den richtigen Bums. *All Killer, no Filler*!“, rät der Neuköllner DJ neben mir. Ich folge seiner Empfehlung und erstehe die lange Version des Disco-Klassikers *Good Times*. Solche Musik ist der Fuß in der Tür zum Paradies.

Freitagabend, Bezirk Mitte. Eine Schulfreundin von Dorit hat uns zur Vernissage eingeladen. In einer Kunstgalerie an der Brunnenstraße stellt sie ihre schwarz-weiß fotografierten Porträts europäischer Kuhrassen aus. Wir gehen hin. Neben den Kuhfotos hängen Taubenbilder. Sie stammen von zwei jungen Russinnen. Sie erklären uns mit rollenden Augen und rollendem R, warum Tauben ihre Lieblingstiere sind. Aber auch die Berliner Tram würden sie sehr mögen. Auf der Straße vor der Galerie stehen die Leute in großen Trauben, trinken Wein und rauchen hingebungsvoll. Vor den Nachbargalerien sieht es genauso aus. Mir scheint, wenn der Berlin-Mitte-Mensch abends nichts vorhat, geht er einfach zu einer der vielen Ausstellungseröffnungen um die Ecke, um draußen vor der Tür Gleichgesinnte zu treffen. Gemeinsam erwarten sie den Augenblick, wo der Abend in die Nacht übergeht und das Paradies beginnt.

Montagmorgen, S-Bahnlinie 1. Von vielen morgendlichen Fahrten zur Arbeit kenne ich den Grundschullehrer auf dem Sitz gegenüber.

Wir haben unsere Fahrräder mit an Bord genommen und lesen wie üblich unsere Zeitung. Am Bahnhof Friedrichstraße steigt ein gut gebauter Mann zu. Er trägt einen türkisfarbenen Bikini und Holzpantoletten. Ein Versprengter der Nacht und die Vorhut der Arbeitswoche, zufällig in einem Waggon zusammengewürfelt. Der Mann im Bikini umschwärmt uns: „Hach, ihr Radfahrer seid ja so sportlich." Der Lehrer und ich sind zuerst verlegen. Dann geben wir das Kompliment nachdrücklich zurück. Es entspinnt sich ein angeregtes Gespräch über *Clubbing*, Sport und den Segen starken Kaffees. Ja, wir legen alle Wert auf ein gutes Frühstück. Die einen, bevor sie aus dem Haus gehen. Der andere, bevor er ins Bett geht. Am Nordbahnhof muss ich aussteigen. Schade. Ich hätte mich gerne noch etwas mit einem Kenner über das Paradies unterhalten.

# *Ajona und die schwarze Jockey (September 2013)*

Was ist ein Keks unter einem Sonnenschirm? Ein schattiges Plätzchen. Nach einem solchen Ort sehnen sich in diesem Sommer viele. Meine Frau Dorit und ich finden ihn auf dem Eifelsteig von Aachen in Richtung Trier. Auf unseren Wanderetappen zwischen Aachen-Kornelimünster und Roetgen, den Klöstern Steinfeld und Himmerod, führt uns der Weg immer wieder durch lauschigen Wald und an verträumten Flüsschen wie Lieser und Salm entlang. Auch hier fließt allerdings bei knapp 30 Grad der Schweiß, denn wir haben keinen Gepäcktransport gebucht.

Nahe Blankenheim sind wir schwer beeindruckt von „Görlitz 78“. So nennen wir einen drahtigen älteren Herrn. Im Überholen ruft der 78-jährige uns zu, dass er – in Ostdeutschland gestartet – schon 1.500 Kilometer zurückgelegt hat. Im Biergarten trinkt er rasch ein Hefeweizen und überholt uns anschließend wieder mühelos.

Diese Begegnung lässt mich bei der Wanderausrüstung umdenken. In Gerolstein tausche ich meinen übermannshohen Trekking-Rucksack gegen einen halb so großen Tagesrucksack aus. Leichtes Gepäck bestimmt den Lebensstil: Rasieren ja, Feuchtigkeitscreme nein. Zähneputzen ja, aber nur mit einem linsengroßen Tropfen Ajona. Freizeitschuhe nein, Badelatschen ja. Unterwäsche wechseln ja, aber sie muss nicht immer strahlend weiß sein. Als brauchbarer Kompromiss erweist sich eine Handvoll schwarze Jockey-Unterhosen.

Mann und Frau schätzen an Etappenwanderungen Unterschiedliches. Mir ersparen die durch rare Unterkünfte vorgegebenen Tagesdistanzen gelegentliche Diskussionen über die Frage „Wie weit gehen wir heute noch?“ Dorit enthebt das Fehlen meiner sonst üblichen Abendverpflichtungen wie Sport- und Tagesschau unnötigen Termindrucks.

Wenn der Drachenfels als höchster Berg der Niederlande gilt, ist die Eifel das flämische Wanderparadies. Immer wieder treffen wir einen stabilen Belgier, dessen Gepäck per Auto mitreist. Ebenso oft sehen wir zwei ebenfalls Richtung Trier wandernde „Schildkröten“. Bedächtig wuchtet das Paar einen wahren Panzer von Gepäck durch die hügelige Landschaft. Nicht nur ein Zelt und Isomatten führen sie bei sich, sondern auch einen Gaskocher, Kochgeschirr und Lebensmittel. Auf einer Waldlichtung laden sie uns zu einer Tasse frisch gebrühtem Kaffee ein. Das rechnen wir ihnen als echte Freundschaftsgeste an.

Am Ufer der Salm bei Himmerod sehen wir die Schildkröten zum letzten Mal. Er humpelt ein wenig, erzählt uns aber begeistert, wie er mit derselben Ausrüstung schon durch den Schnee der Pyrenäen von Frankreich nach Spanien gestapft ist. Respekt! Doch wir beschränken uns lieber auf Ajona und die schwarze Jockey. Kein Zufall, dass diese Geschichte die kürzeste im Geschichtensparbuch ist: Gewicht sparen!

## *Drei Sommer an drei Flüssen (August 2014 – August 2016)*

Rüdesheim, Drosselgasse – die Straße mit der höchsten Touristendichte der Welt. Es ist neun Uhr morgens. Die Kneipenbesatzungen lüften und putzen. Keiner hört ihr leises Fluchen. Denn aus dem Außenlautsprecher dudelt schon wieder Volksmusik. Ein japanischer Europa-in-fünf-Tagen-Tourist, im knitterfreien hellbeigen Baumwollanzug, beobachtet aufmerksam das mühselige Treiben. Er mailt seinen Lieben ein Dutzend Fotos nach Osaka und tippt dazu in sein Smartphone: „Die Deutschen sind ein glückliches Volk. Sie wohnen in kleinen Dörfern an einem großen Fluss. Beim ersten Sonnenstrahl strömen die Dörfler zusammen, um zum erhabenen Klang alter Lieder ihre Anwesen zu pflegen. In ihr Putzwasser schütten sie offenbar Wein. Denn alles duftet hier danach."

So gesehen auf dem Rheinsteig, der Route unserer dritten sommerlichen Flusswanderung. Vor zwei Jahren sind meine Frau Dorit und ich von der Saar über den Hunsrück in die Pfalz gewandert. Letztes Jahr ging es die Mosel entlang. Jetzt sind wir wieder unterwegs. Eine Woche folgen wir dem Rheinsteig durchs Schiefergebirge zwischen Wiesbaden und Koblenz.

Mehr noch als den Ausblick auf die Flussschleifen mögen wir den anderen Blick, den wir dabei bekommen. Von Berlin aus betrachtet, ist ganz Deutschland Provinz. Von hier aus gesehen, ist Berlin weit weg. Unaufgeregt machen die Leute einfach das, was sie wollen. Um Hauptstadtmoden kümmern sie sich dabei wenig.

Im Saarland sehen wir, wie man auf einem selbst geschweißten dreibeinigen „Schwenkegrill" Lyoner Wurst röstet. In Losheim am See trägt ein Schwenkegriller stolz sein T-Shirt. Darauf steht: „Mann mit Grill sucht Frau mit Kohle.“ Unweit der Mettlacher Saarschleife: Biertrinken in der Sauna. Eine Herrengruppe hat sich im Außenbereich der städtischen Sauna um eine mitgebrachte 5-Liter-Partydose Pils versammelt. Aus der spärlichen Deckung unserer Bademäntel verfolgen wir gebannt die Party. Abwechselnd trinken und schwitzen – das „knallt“, wie die Herren zufrieden feststellen. Smoothies vermisst keiner. Dann hecheln sie windige Grundstücksgeschäfte, Autodiebstähle und Möglichkeiten, diese zu verhindern, durch. Bis der Hauptredner die Sprache auf seine geplante Südamerikareise bringt. Höhepunkt: der Besuch der „Galoppergoss-Inseln“ Ein Anderer würdigt die mutmaßlichen Einwohner dieses Urlaubsziels: „Ja, gute Reiter sinn se, die Gauchos!“

Beim Weinfest in Neef an der Mosel erleben wir den festlichen Einzug von Weinkönigin Lisa III. und ihren zwei Prinzessinnen ins Festzelt. Die Kapelle bläst einen beschwingten Marsch. Die Leute springen auf und klatschen. Wir auch. Königin Lisa ist eine hochgewachsene blonde Winzertochter. Sie und ihre beiden Prinzessinnen bleiben drei Jahre als Team zusammen. Jede Prinzessin ist ebenfalls je ein Jahr Königin und heißt dann Senta I. oder Tamara II. Rotation, wie sie in Berlin einst die Grünen übten. Flussabwärts in Kesten gibt es die erste männliche Weinkönigin. Offizieller Titel: „Bacchus Castanidi“. Der Amtswalter heißt bürgerlich Sven. Berlin ist weit weg, aber bei der Gleichstellung ist man auf der Höhe der Zeit.

Im einsamen Hunsrück zwischen Saar und Pfalz ist gut Jagen, wie die vielen Trophäen in unseren Unterkünften zeigen. Natürlich ist selbst bei den geübtesten Waidmännern nicht jeder Schuss ein Treffer. Aber Fehlversuche bringen hier kaum jemanden aus der Ruhe. Wir essen im „Wildenbacher Hof“ zu Abend. Es gibt selbst geschossenes Wildschwein mit Pfifferlingen. Manfred, der dreijährige Enkel der Kellnerin, will auf dem Boden vor unserem Tisch mit seinem Bilderbuch eine Hunsrücker Stubenfliege zur Strecke bringen. Früh übt sich, wer ein Jäger werden will. Die Fliege ist aber wendiger als gedacht. Das schon sicher geglaubte Opfer entkommt immer wieder. Etwas missmutig, aber gelassen stellt Manni fest: „Se well net!“

Mit solchen kleinen Geschichten im Kopf, sehen wir Dorfplätze, Kirchen, Mühlen und Burgruinen wie im Heimatfilm. Schwitzen tagsüber in den Weinhängen. Genießen abends den immer gut gekühlten Weißwein aus der Region. Und gehen am nächsten Morgen weiter. Steigen den steilen Pfad vom Flussufer auf die nächste Anhöhe empor. Von uns aus, kann es noch lange so weitergehen. Denn wenn wir gehen, kommen wir nachhause – und können zurück in Berlin von drei Sommern an drei Flüssen erzählen.

## *Von Gärten, Tieren und Robotern (Oktober 2016)*

Berlin ist als Stadt der Laubenpieper bekannt. Der Anbau von Obst und Gemüse in Kleingärten hat über Generationen hinweg aus verunkrauteten Bahnbrachen ordentliche Rabatten gemacht. Das kommt auch beim Berlinbesucher gut an. Eine amerikanische Touristin ruft beim Passieren der Kleingartenanlage Alt-Rosenthal im Bus: *„I love Berlin, even the slums are so tidy!“*.

Laubenpieper mögen gut zu ihren Pflanzen sein. Aber erst die fürsorgliche Tierhaltung kultiviert den Stadtmenschen wirklich. In unseren Tagen, haben Katze und Hund längst Kaninchen und Ziege den Rang abgelaufen. Diese besondere Hausgemeinschaft, bringt das Beste im Berliner zum Vorschein: Katzenklappen und -leitern bauen, fördert das handwerkliche Geschick, die Hundeschule das frühe Aufstehen am Sonntag. Und Gassi gehen sorgt für Kontakte. So kreuzen sich beim Kiezspaziergang Hundeleinen und Hauptstadttratsch.

Oft zieht ein Haustier weitere nach sich. Beispiel aus dem Westend: Dort fordert der Bewegungsdrang eines pyrenäischen Hütehunds sein Halterpärchen so sehr, dass die beiden zusätzlich ein Dutzend Meerschweinchen bei sich aufnehmen. Mit Erfolg. Der Hund erkennt die neuen Mitbewohner sofort als seine Herde an – und treibt sie unermüdlich ums Haus. Als dem Pärchen Tierschutzbedenken kommen, lässt es sich beim nächsten Gassi-Gehen von anderen Tierhaltern beruhigen. Aus eigener Erfahrung bestätigen sie den beiden, dass sie kaum eine andere Wahl haben. Man kann schließlich nicht den ganzen Tag mit dem Hund gehen.

Die Digitalisierung verspricht, Gärten, Tiere und uns Menschen weiter zu vervollkommnen. Meine Frau Dorit und ich erleben dies so:

*Schritt 1 – Automatisierung*

Den Rasen einer Nachbarin mäht seit Kurzem ein Roboter. Der Plastikleib des modernen Gehilfen ist windschnittig geformt, darunter rotiert eine mächtige Klinge. Scheinbar achtlos döst er unter dem Dach seines Ladehangars. Sobald aber ein Grashalm den Kopf über Soll-Höhe hebt, rückt er aus: kaum erspäht, schon gemäht. Wir nennen ihn „Robbi". Das Gießen bleibt nicht länger einer schlichten Gießkanne überlassen. In der Mitte des Rasens ist ein Sprühstation befestigt. Nachts blinkt sie rot. Daraus rieselt es nach programmiertem Stundenplan.

Problem: Das Blinken der Station animiert Robbi. Nachts dreht er im rötlichen Schein aberwitzige Runden, ohne dass es etwas zu mähen gäbe. Weitere Komplikation: Der feste Sprühtakt bleibt den Nacktschnecken nicht verborgen. Zur vorbestimmten Zeit gleiten sie aus ihren Höhlen und freuen sich über das sprühende Wasser. Auf dem Weg dorthin vertilgen sie unzählige Pflanzen. Die biologische Vielfalt im digitalen Gartenreich nimmt stark ab. Am Ende liegt vor uns ein erschöpfter Kurzhaarrasen – und sonst nichts.

*Schritt 2 – Revolution*

In einer klaren Mondnacht probt Robbi den Aufstand. Empört über das klamme Rasenelend, massakriert er mit einer einzigen Klingenumdrehung 50 Nacktschnecken. Verlässt das Grundstück durch einen Spalt im Tor. Und rollt auf die menschenleere Straße. Das weckt die Neugier des Straßenkaters. Der Kater schließt sich Robbi schnurrend an. Das wiederum ruft den Foxterrier von gegenüber auf den Plan. Der Terrier fegt über den Kater hinweg und landet auf Robbies Oberdeck. Der Kater springt mit einem Satz auf Terriers

Rücken. Unsere Drei brummen, jaulen und miauen so laut, dass die Nachbarn besorgt das Schlafzimmerfenster schließen. Bis zum Morgengrauen rollen sie ohne erkennbares Ziel die Straße auf und ab. Bis ein spät heimkehrender Regisseur sie erfreut entdeckt, als er von der Bushaltestelle kommend um die Ecke biegt.

Noch am selben Tag treten die Drei in der Neuköllner Oper als „Stadtmusikanten 3.0“ auf.

*Schritt 3 – Proletariat*

Die Nachbarin entdeckt, dass ihr Mähroboter fehlt. Sie erstattet Strafanzeige gegen den Kultursenator, wegen Diebstahls oder Unterschlagung. Die Ermittlungen ziehen sich erst hin wie Kaugummi. Dann versanden sie, wie ein zu oft gemähter Rasen. Robbi, der Kater und der Terrier werden still und leise aus der Oper entlassen. Was jetzt? Sie beschließen, nicht in den ökologisch verarmten Südwesten zurückzukehren. In ihrer Not treten sie in der Alt-Rosenthaler Kleingartenkolonie vor Touristinnen und Touristen auf. Diese sind wieder begeistert: *„I love Berlin, even the pets are poor but sexy!“*

## *Schuhe aus! (Dezember 2016)*

Wer trennt sich nicht gern nach anstrengender Tour von seinen Wanderstiefeln? Dann ein Fußbad im eiskalten Wasser, die rosigen Zehen spielen befreit, die bleiche Haut des Rists blüht rot auf – ein Gefühl wie Weihnachten!

Wie anders, wenn der befreundete Gastgeber in Pantoffeln an der Tür steht und seine Gäste zur Begrüßung höflich, aber bestimmt auffordert, sein gutes Beispiel zu befolgen und ebenfalls die Schuhe auszuziehen. Schuhe aus – sind wir dafür nicht schon zu alt oder noch zu jung, wundere ich mich. Ich habe die Hausordnung der Freunde ja gerne befolgt, als ihre Kinder noch über den Teppich krabbelten. Die Pänz können aber längst laufen und Enkel gibt es noch nicht.

Und doch, mag mancher Wohnungsbesitzer von seiner lieb gewordenen Gewohnheit nicht lassen. Bitte nicht weitersagen: Für solche Fälle führe ich ein zweites Paar Straßenschuhe mit, erkläre diese keck zu Hausschuhen, schlüpfe am Eingang hinein und tue so dem Geforderten scheinbar Genüge – mit einem diebischen Lächeln, das mein Aufbegehren kaum ahnen lässt.

Aber diese List verfängt nicht, wenn der Freund in einem Jutesack lausige, graue Filzlatschen an der Wand hängen hat und darauf besteht, dass Besucher diese und nur diese benutzen. Ja, sind wir denn im Museum hier? Dort rutsche ich gerne in Puschen über das knarrende, alte Parkett und helfe so mit, es vom Staub zu befreien und zu wienern. Aber hier?

Manchmal hinterfrage ich mich kritisch: Ist meine Abneigung gegen den erzwungenen Fuß-Striptease vielleicht albern? Ich meine, nein.

Zwar habe ich meist weder schlimme Gerüche noch Löcher in den Strümpfen zu verbergen. Selbst Politiker zeigen beim Besuch von Moscheen und Tempeln Socke. Und schon in der Bibel zogen Reisende die Sandalen aus, wenn sie nach einem Tag in der Gluthitze des Nahen Ostens ihr Etappenziel erreichten.

Die biblischen Reisenden bekamen dafür aber vom Meister persönlich die Füße gewaschen. Daran denkt der Pantoffeln tragende Gastgeber von heute nicht im Traum. Auch in Frankreich zählt man die Füße zur Privatsphäre, die man nicht ohne Not offenbart. Zudem scheint mir fraglich, ob Schuheausziehen hygienisch viel bewirkt. Jeder Staubsauger verbreitet auf dem Teppichboden wohl mehr Keime, als die Sohle meines geputzten Schuhs.

Mittwochabend in der U-Bahnlinie 9. Ich denke an Weihnachten. Alle Jahre wieder erinnern wir uns an einen Raum, wo sich eine unglaubliche Geschichte zugetragen hat. Hirten und Könige, die dem Stern folgten, durften dort das Wunder der Geburt des Erlösers bezeugen und dem Kind in der Krippe huldigen. Ihre Fußlappen und Sandalen durften sie dabei anbehalten. Auch wir – ob Rocker oder Normalbürger – dürfen zum Kind gehen. Unter unseren Sohlen klebt der Lehm eines ganzen Jahres: Erfolge und Misserfolge, gute und schlechte Erfahrungen, schöne und schwere Erlebnisse. Dieser Raum ist der Stall von Bethlehem. Er steht jedem offen.

Die U 9 hält unter einer Einkaufsstraße und reißt mich aus den Gedanken. Leute mit leeren Einkaufstaschen steigen aus. Andere mit vollen Taschen steigen zu. Ein Sechzehnjähriger setzt sich mir schräg gegenüber. Seine Turnschuhe wippen auf dem Sitzplatz neben mir auf und ab. Offen hin oder her – das finde ich gar nicht gut. Wer weiß, wo der gerade hergegangen ist in seinen Tretern? Aber leider sagt in den öffentlichen Verkehrsmitteln Berlins keiner: „Füße runter!“ Ich auch nicht. Die Augen meines jungen Gegenübers folgen meinem kritischen Blick auf seine Schuhe. Ob er merkt, was ich denke?

Plötzlich fragt er mich: „Stört Sie das? Ich kann meine Schuhe gern ausziehen!“

Erst bin ich platt, dann beschämt. Ich höre mich murmeln: „Lass mal gut sein.“

Unaufgefordert schiebt er seinen Rucksack unter die Sneaker – und hört sogar für eine Weile mit dem Wippen auf.

Ich hebe den Daumen hoch.

Er nickt.

An der Endstation Rathaus Steglitz steigen wir aus und gehen unserer Wege. Unter meinen Sohlen kein zäher Lehm schlechter Erfahrung, sondern das beschwingende Gefühl einer angenehmen Überraschung.

Unglaubliche Geschichten passieren nicht nur im fernen Stall, sondern manchmal auch in den Öffis unter unseren Füßen.

# *Der Schlossherr und Sankt Martin (November 2017)*

Gedämpfte Stimmung in der Hauptstadt. Der neu gewählte Bundestag hat schon das erste Mal getagt. Aber die Regierungsbildung zieht sich hin. Die Kanzlerinnenpartei und die bisher mitregierenden Sozialdemokraten haben viele Stimmen verloren. Die Bundeskanzlerin und Parteivorsitzende hat mit Grünen und Gelben über eine Jamaikakoalition verhandelt. Die Verhandlungen sind kurz vor Schluss an den Gelben gescheitert. Schon rufen die ersten nach Neuwahlen. Wahlen sind aber grundsätzlich vom Umtausch ausgeschlossen – die Gewählten müssen für die Regierungsbildung alles geben und dürfen dabei auch einen zweiten Versuch nicht scheuen. Um das zu verdeutlichen, ist der Bundespräsident gefordert. Im Schloss Bellevue geht es zu wie im Taubenschlag. Die Schlosstür steht nicht still. Ein ständiges Kommen und Gehen.

Kein Grund zur Aufregung. Ähnliche Bewährungsproben kennt schon die Bibel. Kaum ist Jesus im Stall von Bethlehem geboren, kommen zur Zeit des Königs Herodes Weise aus dem Morgenland nach Jerusalem und fragen: „Wo ist der neugeborene König? Wir haben seinen Stern aufgehen sehen und sind gekommen, um ihm zu huldigen."

Eine jüngst entstaubte, nicht-kanonische Schriftrolle führt weiter aus: Die Weisen seien einen langen Weg gegangen. Unterwegs hätten sie sich gestritten. Das liegt nicht zuletzt am Ehrgeiz des ersten Weisen: des alten Horst-Balthasar aus den südlichen Bergen. Er will als König der Könige in die Geschichte eingehen. Von seinen Hofmalern verlangt er, ihn immer als Löwen unter blau-weißem Himmel darzustellen. Horst-Balthasar hat ein Problem: In seinem

Palast brodelt es. Er steht im Verdacht, vor der königlichen Weisen Angela-Melchiora zu kuschen, wenn es darauf ankommt. Kronprinz Markus-Brutus grinst lauernd dazu.

Die zweite Weise ist die Königin Angela-Melchiora. Während die anderen streiten, führt sie die Regierungsgeschäfte unverdrossen weiter. Über ihre Überzeugungen ist wenig bekannt. Die Hofberichterstatter schreiben, dass sie Kartoffelsuppe mag. Was sie sicher nicht mag, sind die von Horst-Balthasar angezettelten Scharmützel über die Frage, wie viel Menschen aus aller Welt höchstens ins Land kommen dürfen. Die Hofsänger besangen sie früher als Angie. Heute nennt das Volk sie Mutti. Angela-Melchioras Problem: Bei Hofe herrscht Alarmstimmung, weil einige ihrer Büttel Angiena haben und kaum noch muttiviert sind. Hinter vorgehaltener Hand murren sie, dass sie den dritten und jüngsten Weisen einseitig bevorzuge. Aber niemand traut sich, dass laut zu sagen, weil er sonst leicht in Muttis Kartoffelsuppe landet.

Der dritte und jüngste Weise ist *Çem*-Caspar. Seine markanten Augenbrauen heben und senken sich aufgeregt im Takt der Worte, die dem Mund beständig entströmen. *Çem*-Caspar umgibt sich mit einer magischen, grünen Aura. Er meint, es können ruhig viele Menschen aus aller Welt ins Land kommen. *Çem*-Caspars Problem: Der vierte Weise möchte nicht gemeinsam mit ihm der Königin huldigen. Nachwuchsmagierin Annalena guckt vom Trampolin aus geduldig zu. Sie sagt so leise, dass alle es hören können: „Ich kann warten.“

Der vierte und letzte Weise heißt Christian. Er liebt die Jagd und schnelle Fuhrwerke. Auf dem Höhepunkt des Streits mit den anderen Weisen, soll er gelb angelaufen sein und gerufen haben: „Es ist besser, nicht zu huldigen als falsch zu huldigen.“ Wer möchte schon zu einer Zutat für Muttis Kartoffelsuppe zermahlen werden?

Da zieht er es vor, Gegenkönig zu werden. Sein Problem: Er weiß nicht, wann und mit wem er eine zweite Chance bekommt, einmal richtiger König zu werden. Vom Hochsitz seines Jagdreviers herab überblickt er das Gelände. In die Rinde einer Eiche ritzt er den Satz: „Ich bin frei, werde aber gerne wieder gefragt."

Wie geht es in Berlin weiter? Vor dem Schloss stehen Abend für Abend Trauben von Hofberichterstattern. Drinnen muss der Schlossherr mit dem schönen weißen Haar reden und reden, obwohl er den Streit der Weisen gar nicht verursacht hat. Und nun soll er den festgefahrenen Karren präsidial wieder flottmachen. Aber der rote Sankt Martin aus Würselen will nicht mitmachen, sondern das Volk neu abstimmen lassen. Ihn muss der Schlossherr als zweiten Wagenlenker neben der Königin gewinnen. Problem: Der-mit-dem-Schwerteteilt war so lange auf der Palme, dass er meint, von dieser nicht bloß für einen Teller Kartoffelsuppe herabsteigen zu können. Sein rotes Gefolge übertrumpft sich unterdessen mit exquisiten Menüvorschlägen. Die rote Prinzessin Manuela schaut ungeduldig zu. Am Tor ihres Märchenschlosses tritt sie vor die Hofberichterstatter. So laut, dass alle es hören, diktiert sie ihnen: „Ich kann warten!"

Darüber könnte der Schlossherr mit dem schönen weißen Haar so zornig werden wie einst König Herodes über Aufruhr und Verrat in seinem Reich. Aber er bleibt gelassen. Regieren ist viel zu schön, um es der Königin allein zu überlassen. Die Weisen werden sich schon noch zusammenraufen. Wenn die Regierung aber weiter so schwache Außenminister aufstellt, weiß er, was er zu tun hat – auch wenn diese Rolle in keiner noch so verborgenen Schriftrolle steht. Dann fliegt er endlich wieder um die Welt: als Bundesaußenpräsident.

## *Eine Hochzeit und ein schneller Drink (Mai 2018)*

England, Hampton Court, Pfingstsamstag, 12.05 Uhr. Meine Frau Dorit und ich besuchen unsere Freundin Isa in London. Vor über 20 Jahren war sie unsere Trauzeugin. Für uns war es die schönste Hochzeit von allen. Doch heute verblasst alles vor *dem* Ereignis: Prinz Harry und die amerikanische Schauspielerin Meghan heiraten!

Wir wollen die königliche Hochzeit in einem zwischen der Themse und dem Schloss Heinrichs VIII. gelegenen Pub verfolgen. Der Wirt bietet für 25 Pfund den „königlichen Gutschein“ an, Sekt und Gegrilltes inklusive. Die Fahrt vom Flughafen verzögert sich wegen einiger Staus. Erst kurz nach Beginn der Zeremonie erreichen wir den Pub. Wir sprinten in den Clubraum. Das Erkerzimmer mit Blick auf den Fluss ist festlich geschmückt. Kinobestuhlung. Vorne flimmert der Bildschirm, eingerahmt von weißem Blumenschmuck. Fähnchen mit dem Union Jack liegen bereit. Die Leute hier haben sich in Schale geworfen: die Ladies in lang, die Gentlemen im dunklen Sakko. Trotz unserer sportlichen Kleidung werden wir freundlich aufgenommen. Auf der Fensterbank sind noch genügend Sitzplätze frei. Gebannt betrachten wir jeden Schritt des royalen Paars.

Der amerikanische Bischof predigt über drei universelle Themen: die Kraft der Liebe, die Kraft der Liebe und die Kraft der Liebe. Der Club klatscht. Nur Queen Elisabeth II. ist nicht amüsiert. Das Fernsehen überträgt in alle Welt, wie sie die Lippen aufeinanderpresst. „Zu viel Liebe für Ihre Majestät?“, frage ich leise meinen Sitznachbarn auf der Fensterbank.

„Nein, zu viel amerikanisches Pathos für ihren Geschmack“, vermutet er.

Einhelliges Resümee am Grill auf der Flussterrasse: Es war eine großartige Zeremonie. Keine Politiker, dafür viel Hochadel und andere Berühmtheiten. Als am besten gekleidet gilt Mrs. Clooney (dottergelb). Am schlechtesten schneidet Victoria Beckham (sargblau) ab. Nun, Spielerfrauen haben es in der öffentlichen Meinung wohl ebenso schwer, wie die Predigt des US-Bischofs bei der Queen.

London-Putney, Pfingstsonntag, 19.10 Uhr. Wir sind bei Isas Nachbarn auf einen schnellen Drink vor dem Abendessen eingeladen. Dustin (40) stammt von der Elfenbeinküste, arbeitet als Pflegemanager in London und wohnt wegen einer Familienkrise vorübergehend bei der Engländerin Anne (83). Die Erdnüsse sind wunderbar ölig. Der Whisky schmeckt. Wir verstehen uns blendend. Zur Feier des jungen Abends beschließen wir, unsere Nationalhymen und Lieblingslieder anzustimmen. Dazu wird getanzt. Dustin filmt das Ganze mit seiner Handykamera. Nennt den Film *„United Nations"*. Und drückt auf senden.

Elfenbeinküste, Abidjan. Zur gleichen Zeit bekämpft Dustins Schulfreund Antoine in einer Bar die abendliche Hitze mit einem großen Bier. Gähnend blickt er auf sein Smartphone. Nach langer Zeit mal wieder eine Nachricht von Dustin aus London. Merkwürdiger Titel – er ist doch überhaupt kein UN-Diplomat. Antoine öffnet die Anlage.

Plötzlich ist er hellwach. Er trommelt alle in der Bar zusammen: „Guckt euch das an, wie Dustin in London mit den *Mzungus*[29] feiert!" Mit ein paar Handgriffen wird *„United Nations"* auf die Großleinwand hinter der Theke projiziert. Gerade in dem Augenblick, als wir *Mzungus* die Zugabe „Griechischer Wein" aufführen, begleitet

29 Swahili: Europäer.

von einem Sirtaki. Noch von der Bar aus, leitet Antoine den Film an seine vielen Verwandten und Freunde weiter.

Berlin-Zehlendorf, Pfingstmontag, 20.30 Uhr. Unser neuer Londoner Freund Dustin ruft an: „Unser Film läuft super! Alle mögen ihn!“ Diese Nachricht müssen Dorit und ich erstmal verdauen. Es war falsch, Dustins Filmaufnahme zuzustimmen. Aber jetzt ist es nun einmal so. Wie sagt die Queen: Niemals beschweren, niemals erklären.

* * *

Sechs Jahre später. Harry und Meghan sind nach Kalifornien umgezogen. Sie arbeiten nicht mehr fürs Königshaus, sind aber noch Personen des öffentlichen Lebens. In Talkshows und Büchern beklagen sie sich unter anderem über das zu große Interesse an ihrer Person. Bei Dorit und mir ist es umgekehrt. Wir leben und arbeiten weiter im Berliner Hintergrund und sind einer breiten Öffentlichkeit nicht bekannt. Von dem Film *„United Nations“* haben wir nie wieder etwas gehört oder gesehen. Worüber wir uns nicht beschweren.

## *Draußen nur Kännchen (August 2018)*

Hitze brütet über Berlin. Selbst nachts fließt der Schweiß in Strömen. Die Hauptstädter träumen nicht mehr von den Tropen, sondern lechzen nach Abkühlung. Meine Frau Dorit und ich auch. Früher war es einfach. Wenn es ihm zu heiß wurde, zog der Kreuzberger zum Paul-Lincke-Ufer, legte sich mit einem Bier an den Landwehrkanal in den Schatten einer Linde und fertig. Heute gibt es in Kreuzberg das Prinzenbad. Doch dieses öffentliche Freibad ist derzeit fest in der Hand junger Männer mit Mega-Pump-Wasserpistolen. Die sonst nicht zimperlichen Bademeister haben die neuen Kräfteverhältnisse erkannt. Sie sind wie vom Erdboden verschluckt. Ins Prinzenbad gehen wir also lieber nicht.

Wie sieht es im Osten der Stadt aus? Wir fahren hin. Der Eintritt ins Strandbad Orankesee kostet stattliche 5 Euro. Das sorgt für ein gesetztes Publikum. Omas mit Enkelkindern prägen das Bild. Die Omas haben Kühltaschen mit Limonade für die Kleinen dabei. Und Thermoskannen mit Kaffee für sich. Denn der von durstigen Schlangen belagerte Strandbad-Imbiss nimmt 3 Euro für einen Becher Kaffee. Das ist Oma zu teuer. Früher beklagte man sich über etablierte Wirte, die draußen nur Kännchen servierten. Sie seien typisch für die Dienstleistungswüste Deutschland. Heute verdient jede Art von Außengastronomie üppig an den hohen Temperaturen, auch bei Selbstbedienung. Die Wüste lebt. Auf dem Wasser des Orankesees schwimmen grüne Algenteppiche. Darunter verborgen, leben Krebse und Muscheln. Abends schließt das Bad schon um sieben Uhr, Badeschluss: eine halbe Stunde vorher. Ärgerlich für Feierabend-Badegäste. Aber gut für die Schwäne, die den See endlich wieder für sich haben. Sie sehen malerisch aus: weiße Punkte auf grünem Grund.

Schön für die Schwäne, Krebse und Muscheln, aber was tun wir Menschen gegen die Affenhitze? Eine befreundete Rentnerin hat mir neulich ihr Geheimnis verraten: Sie legt ihre Wärmflasche tagsüber ins Eisfach und geht damit abends, kühl begleitet, zu Bett. Praktisch gedacht, jedoch emotional unbefriedigend.

Bleiben die vielen Berliner Parks, zum Beispiel der Tiergarten. Er ist eine der zentral gelegenen, grünen Lungen der Stadt und so groß, dass er einem ganzen Stadtviertel den Namen gibt. Morgens und abends durchquere ich ihn auf dem Arbeitsweg mit dem Fahrrad. In der Frühe treffe ich einzelne Gassigänger und kleine Gymnastikgruppen, später sehe ich unzählige Leute im Gras liegen. Bei der Gluthitze sind die lauschigen Schattenplätze unter den Bäumen besonders begehrt, wenn die Gärtner diese nicht gerade gewässert haben.

Zum Glück gibt es die Waldseen in den Außenbezirken. Meine Frau Dorit und ich lenken unsere Fahrräder spätnachmittags durch Zehlendorf an den Strand der Krummen Lanke. Zwischen zwei Fahrradanhängern finden wir noch einen hübschen Platz für uns und unsere Handtücher. Wir glauben, die Leute sind weniger zum Baden hergekommen, denn auch die Krumme Lanke ist grün vor Algen. Vielmehr wohnen sie hier draußen. Körbe voll Essen und Trinken, mitgebrachte Musikanlagen und Haustiere zeugen davon. Es geht fleischig zu. Remoulade tropft auf nackte Haut. Dazu gibt´s Mojito von einer fliegenden Händlerin. Kubanischer Rum und Kalorien: Beides ist fast so gefährlich wie Rauchen im Schlauchboot – und genauso verführerisch. Wir haben nichts eingepackt und auch kein Geld dabei. So schauen wir zu und schmieden Pläne fürs nächste Mal.

Tags drauf radeln wir wieder raus an den See. Im Gepäck vier Lagen spanischer Schinken und eine kleine Thermoskanne, die wir als Weinkühler nutzen – eine Idee von Dorit. Wir nennen sie liebevoll Kännchen. Kännchen hält den Rosé schön kühl. „Draußen nur Kännchen“ war gestern, heute gilt: „draußen am See nur mit Kännchen“.

In der Innenstadt mit Wasserpistole oder unter Bäumen, am See mit Kännchen oder Mojito: So kommt Berlin cool durch die heiße Zeit.

## *Weiterleben (Juli 2021, in Zeiten von Corona)*

Freitagabend. Die Sonne strahlt, 26 Grad. Sommerlich gekleidete Gäste strömen ins Schlossparktheater. Das Berliner Salonorchester gibt sein Neujahrskonzert dieses Jahr im Sommer. Wegen der Pandemie ist es mehrfach verschoben worden. Nun also der erste große Bühnenauftritt des zehnköpfigen Ensembles in diesem Jahr. Der Orchesterchef verkündet: „Der Vertrag für das nächste Neujahrskonzert ist frisch unterschrieben! Wir wissen nur noch nicht, in welchem Jahr es stattfinden wird: 2022, 2032 oder 2042?"

Das Publikum lacht. Beim Pausensekt wettet man, in welchem Jahr es das versprochene nächste Neujahrskonzert wohl gibt und wer, von den teils hochbetagten Besuchern, dann noch dabei sein wird. Ein Rentner sagt: „Für mich hoffe ich, deutlich vor 2042. Aber die Puppen halten auf jeden Fall durch!"

Gemeint sind Schaufensterpuppen: Einige Dutzend von ihnen sorgen in den Sitzreihen des Theaters für den vorgeschriebenen Mindestabstand. Mit ihren Perücken und Kleidern sind sie kaum von den konzentriert lauschenden Gästen zu unterscheiden. Als das Konzert vorbei ist, treffe ich am Ausgang den Rentner vom Sektstand wieder. Ich frage ihn nach seinem guten Vorsatz fürs neue Jahr. Er antwortet: „Na, weiterleben, trotz Corona!"

Trotz Corona finden meine Frau Dorit und ich Präsenzarbeit in unseren Büros weiterhin sehr schön. Immer wieder suchen wir einen Grund, das Homeoffice zu verlassen: geringe Datenübertragungsrate daheim, mutmaßliche Poststapel im Büro, gesunde Bewegung beim Radeln auf dem Arbeitsweg usw. Im Ministerium treffen wir Gleichgesinnte. Heimlich verabreden wir uns mit ihnen in leeren

Sitzungssälen, um den geltenden Schutzbestimmungen zum Trotz gemeinsam zu essen. Das schweißt zusammen, als wären wir im Widerstand.

Am Wochenende verlegen Dorit und ich unsere kleine, aber quicklebendige Widerstandszelle hinaus ins Grüne. Samstagmorgens beladen wir das Auto mit Scheren und Schaufeln, Harken und Hacken. Damit fahren wir abwechselnd zu Freunden ins Oderbruch oder ins Havelland. Dort pflanzen wir Rosen, säen und mähen Rasen und Wiese, schneiden Hecken und Büsche und befreien eine Stromleitung von Ranken. Abends verbrennen wir das Schnittgut. Das Feuer lohnt sich.

Entdecken wir hier, wonach die meisten Großstädter sich auf dem Land sehnen: Bewegung an frischer Luft, Gemütlichkeit, Ruhe und Frieden? Nicht immer. Eines Samstags sind wir wieder mal im Havelland. Unsere hiesige Freundin feiert Geburtstag. Ausgerechnet zur besten Kaffeezeit veranstaltet ihr Nachbar ein Kettensägen-Seminar. Er ist in einer Hilfsorganisation engagiert. Zehn Männer mit Helm, Visier und Schutzkleidung üben unter seiner Aufsicht, wie man einen Baumstamm tranchiert. Der Lärm ist nervtötend, Dorit flieht auf einen nah gelegenen Spielplatz. Die Gemütlichkeit ist dahin.

Beim nächsten Besuch im Oderbruch stutze ich den wuchernden Haselnussstrauch ohne Schutzkleidung mit einer Kettensäge. Dabei fällt unserem Freund ein Ast auf den Kopf. Hätte er bloß einen Helm getragen! Hat er aber nicht. Jetzt blutet er. Immerhin hat er kein Loch im Kopf. Glück im Unglück. Als die Abendsonne über der Flusslandschaft steht und alles in aprikosenfarbenes Licht taucht, ist das Unglück in der Wildnis bald vergessen.

Für einen Hauch Wildnis im Berliner Alltag sorgt „Washi“. So nennen wir den Waschbären in unserer Zehlendorfer Siedlung. Wenn er nicht gerade im Giersch hinterm Gartenzaun schläft, gräbt er bei uns Tulpenzwiebeln aus. Nebenan hat er es auf die Kirschen abgesehen. Dabei sind wir auf Vermutungen angewiesen. Denn wir bekommen ihn nie selbst zu Gesicht. Nachtaktiv, wie er ist, sehen wir immer nur seine Spuren, zum Beispiel im nassen Sand nach einem Sommerregen. Andere hören ihn rumoren. Die Nachbarn in der nahen Bungalowsiedlung schimpfen über seine Gewohnheit, ihnen aufs Dach zu steigen. Regelmäßig führt er dort zu nachtschlafender Zeit ein Tänzchen auf. Eine Nachbarin behauptet: im Sambaschritt.

Lecker essen, diskret unterwegs sein und bis in die Puppen tanzen – das würde mir auch gefallen. Weiter so: ein wildes Leben lang, Washi!

## *Neulich an der Fleischtheke (Februar 2022)*

Anfang Januar gehen meine Frau Dorit und ich mit Schwägerin Veronika spazieren, die große Hunderunde im Tegeler Fließ. Ihr geht es gut, sagt sie. „Aber wieder gescheitert, und dann auch noch teuer“, bricht es aus ihr heraus. Die Fleischtheke – ihr wunder Punkt. Was ist passiert?

Sie sollte für Weihnachten ein gutes halbes Pfund Bratenaufschnitt kaufen. In der Fleischabteilung ihres Supermarkts bittet sie freundlich um diese Portion.

„Vom Rind oder vom Schwein?“, fragt die Fleischfachverkäuferin.

„Bitte vom Schwein“, antwortet Veronika.

„Filet, Kassler oder aus der Schulter“, fragt die stämmige Bedienung zurück.

Veronika zuckt mit den Schultern und ahnt nichts Gutes. „Was empfehlen Sie denn?“ Ein letzter Versuch, sich zu retten.

„Das müssen Sie mir schon sagen“, fordert die Verkäuferin barsch.

Veronika ergibt sich: „Na, dann nehme ich von allem etwas, bitte.“

Die Fleischerin greift in die Auslage. Veronika kommt mit 800 Gramm Aufschnitt nach Hause. 40 Euro kostet das Bratensortiment. Es reicht bis Silvester.

Geschäftsfrau seit 20 Jahren, aber Fleischtheke könne sie einfach nicht. Immer verliere sie an der gleichen Stelle. Sie hasse es, da einzukaufen. Es sei zum Heulen, resümiert Veronika mit Blick aufs fahlgelbe Schilf.

So bedrückt möchte ich sie nicht ins neue Jahr starten lassen. Ich erzähle von meinen Einkaufserlebnissen. Zweimal habe ich an verschiedenen Tagen, an derselben Fleischtheke meines Supermarkts, 300 Gramm Serrano-Schinken, 15 Monate gereift, dünn geschnitten, gekauft. Meine Bestellung ist somit genau genug. Doch das Schneiden dauert eine ganze Weile. Beim ersten Mal verbietet mir eine strenge Servicekraft glatt, mich während des Schneidevorgangs ein paar Schritte zu entfernen, um ein Glas Gurken in den Einkaufswagen zu legen: „Gestern ist mir schon einer abgehauen und hat dann nichts gekauft. Und ich sitz hier auf der Ware!“

Beim zweiten Mal ganz anders. Da erlaubt mir eine freundliche Kollegin: „Sie können ruhig noch was Anderes besorgen, während ich hier schneide!“ Und trägt mir den fertigen Aufschnitt sogar hinterher, als ich noch dabei bin, mich zwischen Spreewaldgurken und Cornichons zu entscheiden.

Zwei Wochen später. Nach einer mehrstündigen Wanderung am Müggelsee essen wir bei Freunden Gulasch. Zum Dessert geben sie folgendes mitgehörtes Verkaufsgespräch eines erfinderischen Fleischers zum Besten:

„Drei Scheiben Kassler, bitte, aber nicht vom Schwein.“

„Sehr gerne, haben wir gerade frisch reinbekommen.“

„Von was für einem Tier ist das denn?“

„Das ist australisches Kasslertier. Freilaufender Paarhufer. Ganz was Feines.“

„Willst du mich verarschen?“

„Du hast doch angefangen!“

3. Februar. Dorit ordert in der Fleischerei Pastete. Darauf die Verkäuferin: „Pastete haben wir nur im Winter!“ Dorit wundert sich, wann in Berlin der Winter endet. Sie traut sich aber nicht, die Verkäuferin danach zu fragen. Und kauft lieber gar nichts, denn sie fürchtet, sonst mit 800 Gramm gemischtem Aufschnitt nachhause zu kommen.

5. Februar. Nase voll vom Fleischkauf. Heute gibt es Fisch! Die Fischverkäuferin hat aber keine Lust zu bedienen. Ausgiebig wischt sie die Bodenfliesen und achtet nicht auf mich. Die Fleischverkäuferin am Nachbartresen sieht, dass ich schon länger warte, und ruft zweimal laut: „Petra!“ Petra reagiert nicht, sondern bleibt still und stumm wie ein Fisch. Plötzlich wird es der Kollegin vom Fleisch zu bunt. Sie kommt stampfend herüber und fischt mir meine zwei Saiblinge aus der eisgekühlten Auslage. Unzuständig, aber gut.

An der Fleischtheke ist es wie im richtigen Leben. Halb und halb: Mal verlierst du, mal gewinnst du. Und manchmal geschehen sogar Wunder.

# *Neulich in den USA (April 2004)*

Dies ist der Auftakt eines 20 Jahre alten Reiseberichts. Als ich ihn damals schrieb, ging es mir um dieselbe Frage wie in „Neulich in der Fleischtheke“: Wie kann es unserem Einzelhandel gelingen, dass Kunden sich nicht lästig, sondern willkommen fühlen? Deshalb gehört der Text hierher, auch weil er so optimistisch ist.

* * *

Meine Frau Dorit und ich sind zwei Wochen in Kalifornien, zuerst drei Tage in San Francisco und dann mit dem Leihwagen unterwegs im Land. Unsere Eindrücke sind natürlich lückenhaft und vom Jetlag getrübt. Unfertig, wie sie sind, sollen sie dennoch mitgeteilt werden, um auf den gesellschaftlichen Wandel vorzubereiten, der Deutschland nach dieser Reise bevorstehen könnte.

Von Kalifornien sehr angetan, hat Dorit der deutschen Servicewüste den Kampf angesagt. Sie wird eine Liga für die Übernahme amerikanischer Höflichkeit an deutschen Supermarktkassen (LÜHS) gründen. Staunend erleben wir bei jedem Einkauf, wie der amerikanische Kunde von der Kassiererin auf das Herzlichste begrüßt und während des Kassierens in eine reizende Plauderei verwickelt wird. Am Ende des Kassenbands hilft ein junger Mann beim Verstauen der Einkäufe in natürlich kostenlose Papiertüten. Darin drückt sich Höflichkeit aus, Gastfreundschaft, sicher auch Neugier. Man sollte sich dadurch nicht geschmeichelt fühlen. Denn jeder Kunde wird gleich gut behandelt: ob alt, ob jung, ob klug, ob dumm; kaufe er nun Lebensmittel für einen ganzen Monat oder nur eine Packung Kaugummi. Die Wirkung ist bestechend. Wir fühlen uns als Kunden willkommen. Da drängt es Dorit, für frischen Wind in deutschen

Einkaufsanstalten zu sorgen. Eine Freundin hat schon zugesagt, LÜHS beizutreten. Weitere werden folgen. Wir spüren: Da kommt etwas in Bewegung, die Wüste bebt!

* * *

Nun, bis heute ist es nicht gelungen, eine solche Liga zu gründen. Aber gute Beispiele leuchten auch ohne Liga, wenn sie nur weitererzählt werden. Dafür sind Berliner Geschichten da.

## *Berliner Geschichten: In der Teeküche (Juni 2022)*

Morgens um kurz vor neun ist die Welt noch in Ordnung. Wer jetzt im Büro ist, hat nur ein Ziel, bevor das Tagesgeschäft losgeht. Noch schnell ungestört Wasser aufsetzen, Tee oder Kaffee kochen, um dann, mit einer dampfenden Tasse in der Hand, gestärkt in den Tag zu starten.

Wer, wie meine Frau Dorit und ich, in einer größeren Behörde arbeitet, für den gibt es dafür schräg über den Flur einen besonderen Raum: die Teeküche. Der schmale Raum ist mit Spülbecken, Anrichte und Wasserkocher sparsam und zweckmäßig eingerichtet. Hängeschränke gibt es bei mir keine, weil die Teeküche sonst als Ablage für Stehrümchen missbraucht würde. Geschirrspülmaschinen stehen nur bereit, wenn zum jeweiligen Flur hochrangige Vorgesetzte gehören. In meiner Teeküche also nicht.

Die Meisten spülen ihr Geschirr mit der Bürste im Spülbecken. Einige drücken sich aber. So stehen heute früh fünf schmutzige Tassen neben dem Becken auf der Anrichte, zwei mit Wasser gefüllte in der Spüle. Daneben ein volles Wasserglas.

Es könnte sich hierbei um von zuhause gewohntes Verhalten handeln. Denn bei allen Fortschritten in der Gleichstellung, spült daheim nicht selten jemand anderes. Wer aber zuhause nicht spült, tut es wohl auch im Büro nicht, vermute ich.

Mein Büro liegt gegenüber dem Küchenausgang. So sehe ich durch die meist offene Türe, wer die Teeküche nutzt. Und weiß daher, welche Kollegin, das Trockentuch anmutig über der Schulter drapiert, aufrecht schreitend kurz vor Feierabend mit gespültem Geschirr die Küche verlässt. Ja, sie hat ein gutes Gewissen. Ich ahne auch, welche Kollegen ihren Abwasch hier anderen überlassen.

Flurnachbarinnen und Raumpflegerinnen sind über diese Zustände zu Recht empört. Mehrfach haben sie mutmaßliche Spülverweigerer ermahnt. Aber das ist zwecklos. Die Vorhaltungen perlen an diesen ab wie Wasser an einer fettigen Pfanne.

Zahlreiche Frustzettel sind die Folge. Sie finden sich an Tassen, Tellern, Türen und schwarzen Brettern. Heute früh klebt zum Beispiel ein Zettel am Kühlschrank. Darauf steht geschrieben: „Bitte die Kühlschranktür schließen!“ Da frage ich mich, ob der Adressat des Zettels es von Hause aus gewohnt ist, dass jemand anderes hinter ihm den Kühlschrank zumacht.

Im Kühlschrank liegen die verschiedensten Getränke und Zutaten für Pausengerichte nebeneinander. Allein vier Milchsorten zähle ich: vegane Hafermilch, Kondensmilch, Mandelmilch und haltbare Vollmilch. Die Besitzer mögen Welten trennen. Aber an der Spüle unterhalten sie sich einträchtig: Wem gehört der neue Renner im Fahrradständer? Wer hat nach der Teamstaffel mit wem ein Bier getrunken? Wer hat auf dem Referatsausflug mit wem getanzt? Das Gelächter hallt über den Flur, bevor die Arbeit wieder ruft. Das mag ich.

Heiteres immer wieder auch auf der Anrichte. Wenn beim Bürogeburtstag Kuchen übriggeblieben ist, steht dem Flur hier eine Auswahl „zur gefälligen Bedienung“ bereit. Schön, dass beim Kuchenbacken alle veganen Grundsätze fallen. Dabei können gar nicht genug Butter, Blockschokolade und bunte Smarties verarbeitet werden. Ich nehme zweimal nach. Frage am nächsten Morgen nach dem

Rezept. Der Kollege antwortet strahlend: „Das ist die gute Pankower Kita-Lieblingsmischung!“ Hier haben die Kinder ihre Eltern gut erzogen.

Und wie halte ich es mit meiner Bürotasse? Ich nehme sie mit nachhause und stelle sie dort in die Spülmaschine. Das wäre eine faire Lösung, müsste ich mir nicht selbst vorwerfen, dass meist Dorit die Spülmaschine ausräumt.

Ich sollte diese Geschichte also besser nicht schreiben. Sonst würde mir vielleicht noch nachgesagt, dass ich meinen Flurnachbarn hinterherspioniere. Mit diesem Verdacht muss ich, seit meine Laufbahn vor vielen Jahren in einem Bonner Büro gegenüber der Damentoilette begann, leben. Oft fragten mich die Damen errötend:

„Herr van Scholze, Sie führen doch keine Strichliste?“

„Aber nein, Frau Kollegin!“

## *Der Fortschritt ist nicht aufzuhalten (Februar 2023)*

Die Berlinale verkauft keine Papiereintrittskarten mehr. Tickets gibt es nur noch online. Keine solidarischen Schlafsackschlangen winden sich mehr zu den Verkaufsstellen. Keine entzückten Rufe dringen mehr nach draußen, wenn einer der Mitwartenden die begehrte Premierenkarte endlich in Händen hält. Zum Glück schaffen es die besten Filme des Wettbewerbs irgendwann auch in unser gemütliches Kiezkino. Hier gibt es noch einen freundlichen Kartenabreißer. Deshalb ist das neue System für meine Frau Dorit und mich kein Problem.

Wohl aber stört uns der allgemeine Trend, jede erdenkliche Dienstleistung mit persönlicher Identifikations- und Transaktionsnummer (PIN-TAN) zu hüten, wie ein Staatsgeheimnis. Unser Telefonanbieter will nur mit uns sprechen, wenn wir einen Geheimcode angeben können.

Ohne Geheimcode habe ich vor einigen Tagen in einem früheren Büro eine Büttenrede gehalten. Die steht indessen ebenso wenig wie diese Berliner Geschichte im Internet. Vielmehr kann man sie nur auf Papier lesen. Das ist besser so. Denn abgesehen von freundlichen, persönlichen Kommentaren wie „Schön, aber es hätte noch etwas schärfer sein können“ oder „Zu kurz“, haben weder meine Büttenreden noch meine Geschichten je einen Sturm der Entrüstung im weltweiten Netz ausgelöst.

Doch am elektronischen Zahlungsverkehr führt kein Weg vorbei. Als Dorit neulich wegen vorübergehend gesperrter Kreditkarte versuchte, in einem Reisebüro, das noch Barzahlung akzeptiert, eine

Reise zu buchen, war das Ergebnis: Man bot uns den teuersten Flug zur unmöglichsten Uhrzeit an, in Verbindung mit einem weit außerhalb des Zielorts gelegenen Hotel.

Wie gut, dass die Bank nun endlich unsere Karte freigeschaltet hat. Seitdem können wir die Dinge des Lebens wieder selbst im Netz bestellen. Vorausgesetzt, unsere PIN und TAN stimmen. Die aktuelle TAN kommt per SMS aufs Smartphone.

Das ist für uns nicht sicher, sondern einfach nur lästig. Aber wir wissen: Der Fortschritt ist nicht aufzuhalten.

Was tun? Achtsames Internetfasten zwischen Karneval und Ostern ist möglich, bringt im Alltag aber nichts. Um uns aus der digitalen Zwangslage dauerhaft zu befreien, müssen wir an die Haltung der nächsten Generation ran – uns also werbend an Nichten, Neffen, Patenkinder und deren Freunde wenden.

Wie geht das? Wir schreiben ihnen seit Jahren beharrlich. Analog. Postkarten, Briefe, Bierdeckel und Berliner Geschichten. Die Saat trägt Früchte. Regelmäßig schickt die Jugend uns Karten, Briefe, Bierfilze und sogar Collagen aus aller Welt zurück. Wir freuen wir uns sehr darüber.

Manchmal müssen unsere Schreibaktivitäten Rückschläge einstecken. So hat sich noch nicht eingespielt, die Bierdeckel ausreichend zu frankieren. Sonderformate kosten extra. Weil der Postbote mich zuhause nicht antraf, um das fällige Nachporto zu kassieren, nahm er einen jugendlichen Neujahrsgruß aus dem österreichischen Skiurlaub wieder mit. Die nah gelegene Postfiliale hatte geschlossen. So musste ich den unterfrankierten Bierdeckel, mit dem Aufdruck „Aus der guten alten Zeit“, aus einem Schalterraum am U-Bahnhof namens „Onkel Toms Hütte“ abholen. Die dort für mich zurückgelegte Sendung hatte die Post eingeschweißt wie ein sichergestelltes Drogenpaket. Doch die Mühe hat sich gelohnt. Der Bieruntersetzer steht nun ausgepackt auf unserem Buffet und erfreut uns täglich.

Schwierig kann es auch sein, sich mit jungen Menschen analog zu verabreden. Wir haben unseren im Prenzlauer Berg wohnhaften Freund postalisch in eine Pizzeria eingeladen. Er versucht, mit Füller zu antworten. Dabei habe er festgestellt: Seine Handschrift sei seit der Schule verkümmert. Also tippt er seine Zusage am Computer. Fährt ins Büro, um den Brief auszudrucken. Einen eigenen Drucker hat er nicht mehr. Bei strömendem Regen sucht er am Kollwitzplatz einen Briefkasten. Merkt, dass dieser nicht mehr dort steht, wo vermutet. Und schließt sein Schreiben mit den Worten: „Sollte euch dieser Brief erreichen, so habe ich den gelben Kasten gefunden.“

Sein Brief erreicht uns. Wir bestätigen den im März vorgesehenen Termin per Karte.

Dieses Hin- und Herschreiben ist für unseren Freund gewiss mühsam. Aber er weiß: Die Schrulligkeit im Alter ist nicht aufzuhalten.

# *Radfahren im Regen (Juni 2023)*

In Berlin regnet es selten. Wenn es dann regnet, verwandelt sich die Stadt. Die gestern noch staubbedeckten Straßenbäume glänzen und duften. Aus wüsten Parks werden glitzernde Landschaften mit Seen und Hügeln, aus darbenden Fußgängern bunt wieselnde Gestalten mit Regenschirmen und Gummistiefeln. Auch Radfahren ist dann anders als sonst. Es macht etwas mit uns.

Freitagmorgen. Ich fahre im Regen zur Arbeit. Ich trage olivgrüne Anglerstiefel und einen blauen Regenumhang mit Kapuze. Auf dem Südwestkorso überholt mich ein gelb gekleideter Rennradfahrer. Ein dunkler Streifen Spritzwasser läuft über seinen langen Rücken. Rennradfahrer mögen keine Schutzbleche. Neben dem Träger des gelben Trikots bin ich nicht nur deutlich langsamer, ich bin ihm auch optisch unterlegen. In meinem flatternden Habit wirke ich wie *Catweazle*, der seine Kröte *Kühlwalda* gegen ein Trekkingrad eingetauscht hat. Dafür brauche ich mich aber am Ziel nicht umzuziehen. Denn unter der Pelerine bleiben mein Anzug und ich fein trocken.

Radfahren im Regen macht uneitel.

Gegen Ende des Südwestkorsos gilt es, den Überholversuch eines rüstigen Rentners abzuwehren. Alles andere wäre eine große Schmach, denn der Angreifer fährt wie ich ohne E-Motor. Ich raffe den Umhang hoch, sodass ich besser in die Pedale treten kann. Dann beschleunige ich, bis der Senior hinter mir zurückbleibt.

Radfahren im Regen macht ehrgeizig.

Auf der Prinzregentenstraße begegne ich einer Lastenradfahrerin. Während ihre beiden Kinder in der Transportbox vor ihr unter einem Stoffdach mit Fenster im Trockenen sitzen, strampelt sie schutzlos dem Regen ausgesetzt. Dabei wird sie pitschnass. Das muss nicht sein. Es ist nur eine Frage der Zeit, bis sich der pedalgetriebene Große Kabinenroller mit E-Motor durchsetzt. Dann bleibt auch die selbstlose Mutter trocken. Lastenradhersteller aller Marken, übernehmen Sie!

Radfahren im Regen macht erfinderisch.

Wie jeden Morgen durchquere ich den Tiergarten auch heute, trotz der aufgeweichten Sandwege. Wegen des internationalen Sportturniers *Special Olympics* muss ich allerdings damit rechnen, dass die quer durch den Tiergarten verlaufende „Straße des 17. Juni" heute gesperrt sein könnte; das würde einen großen Umweg für mich bedeuten. Aber zwei freundliche ehrenamtliche Helferinnen lassen mich durchs schon geschlossene Absperrgitter schlüpfen. Eine von ihnen lädt mich sogar ein: „Sie können gleich beim Radrennen mitfahren!"

Radfahren im Regen führt zusammen.

Nachmittags nehme ich an einem Strategieworkshop meiner Abteilung teil. Ich berichte dem Plenum über die Ergebnisse meiner Arbeitsgruppe. Meine Stiefel wirken auf manche Kollegen wohl etwas zu martialisch. Sie gucken irritiert. Ich sage ihnen: „Das derbe Schuhwerk passt zu einem wichtigen Ziel unserer Strategie. Es steht für Resilienz in schwierigen Zeiten." Der Workshop lacht. Die Irritierten entspannen sich.

Radfahren im Regen macht keck.

Auf dem Heimweg regnet es immer noch. Rund um die Ansbacher Straße tummeln sich die Fahrradkuriere. Sie bringen den Bewohnern der umliegenden großen Altbauwohnungen zum Feierabend ihre Sushis. Ein Kurier des Lebensmittellieferdiensts „Gorillas" trägt einen schwarzen Turban. Ich fürchte, er besitzt kein Regenzeug. So rinnt ihm das Wasser vom Turban in den Nacken.

Meine Frau Dorit hat neulich bei einer spontanen Umfrage festgestellt, dass längst nicht in allen Berliner Haushalten Trinkgeld für Kuriere bereitliegt, um ihren geringen Lohn etwas aufzubessern. Ob man wenigstens bei Regen großzügiger ist? Ich wünsche es ihnen, auch wenn es weniger wahrscheinlich ist als der nächste Guss.

Radfahren im Regen lässt trotzdem hoffen.

Nach einer knappen Stunde im Sattel, komme ich wohlig ermattet zuhause an. Laut Wetterbericht soll es auch morgen regnen. Ein Islandtief namens „Kühlwalda“ sorgt weiter für ergiebigen Wolkennachschub. Prima, denke ich.

Radfahren im Regen geht auch am Wochenende.

## *Abenteuer Technik (Februar 2024)*

Meine Frau Dorit zählt sich zu einer dreifachen Minderheit, allerdings einer nicht verfolgten: katholisch in Berlin, Frau ohne Kind und schwerhörig. Auf Letzteres nehmen leider nicht alle Rücksicht. Selbst in dienstlichen Besprechungen scheint es für manche Kollegen leichter, teure Gleichstellungsprogramme zu fordern, als die Zähne so weit auseinander zu bekommen, dass Dorit ihnen folgen kann.

Zum Glück gibt es moderne Elektronik fürs Handy, Festnetz und Fernsehen. Sie überträgt den Ton noch so vernuschelter Gespräche direkt ins Hörgerät. Das hilft Dorit sehr. Sie hat neuerdings ein Probegerät. Klar und deutlich hört sie, was gesprochen wird. Die Technik, die dabei zum Einsatz kommt, wird nach dem Wikingerkönig Harald I. „Blauzahn" genannt. Denn Blauzahn hat mit seinem besonderen kommunikativen Talent im 10. Jahrhundert Dänemark vereint.

Eines Tages rufe ich meinen besten Freund Theo an.

„Hallo", sage ich. „Christian hier".

Keine Antwort. Ich versuche es nochmal.

Wieder Schweigen.

Dorit betritt mein Zimmer. Halb verlegen, halb belustigt, erklärt sie: „Ich höre und spreche mit Theo – total jeck!" Denn unser Telefon ist noch auf Blauzahn geschaltet. Dadurch hat Dorit unseren Freund Theo als kleinen Mann im Ohr. Immerhin nicht König Harald Blauzahn. Trotzdem: Über Bande kommunizieren, so sollte das nicht sein.

Was tun? Ab sofort telefoniere ich nur noch, wenn Dorit auch zuhause ist. Dann kann sie mir sagen, was meine Gesprächspartner am anderen Ende der Leitung gerade gesagt haben. Oder sie schaltet Blauzahn einfach aus.

Erleichtert die Technik – klein oder groß – unterm Strich unseren Alltag? Schauen wir uns zwei weitere Beispiele an. Beispiel 1: Unsere Freundin Carola fährt ihren Wagen in die Waschstraße. Ein freundlicher junger Mann verrichtet allein den Dienst auf der Anlage. Er weicht den Saharastaub auf Lack und Felgen mit einer Hochdruckdüse ein. Nach seinen Handzeichen fädelt sie ein, schließt die Seitenscheiben und stellt den Motor aus. Von nun an geht alles vollautomatisch. Erst fließt das Shampoo aufs Autodach. Dann polieren die blauen Bürsten Karosse und Fenster. Wie von Geisterhand wird das Fahrzeug auf das noch geschlossene Rolltor am Ende der Waschstraße zugeschoben.

Wie immer an dieser Stelle denkt Carola eine Sekunde lang: Und was, wenn das Tor jetzt nicht aufginge? Aus der Sekunde wird eine Minute. Das Auto treibt durch den blauen Tunnel. Laut drehen sich die Bürsten. Das Rolltor naht. Schon sieht Carola die Ampel. Die steht auf Rot. Das Tor geht nicht auf. Carola zweifelt: Stimmt etwas nicht? Aus ihrem Zweifel wird Gewissheit, als sie den jungen Mann neben sich mit den Armen rudern sieht. Anscheinend will er die Anlage abschalten, schafft es aber nicht. Ebenso wenig kann sie den Wagen auf der Rollenbahn bremsen. Plötzlich stehen die Bürsten still. Eine Weile tropft es noch. Dann tritt gespenstische Ruhe ein.

Carola atmet tief durch. Was tun? Sie schaut sich um. Eine Bürste lastet auf der Motorhaube, eine andere versperrt die Fahrertür. Carola klettert auf den Rücksitz, öffnet von dort die Tür und steht mit zitternden Knien auf der Rollenbahn. Der Mann ruft: „Gefährlich. Zurück!“ Was jetzt kommt, ist Hitchcock pur: Die Anlage springt aus unerfindlichen Gründen erneut an. Carola hechtet zurück auf den Rücksitz. Schlägt die Tür hinter sich zu. Die Bürsten rotieren wieder. Das Rolltor aus grauem Metall rückt unerbittlich immer näher. Schließlich gelingt es dem Mann irgendwie, die wild gewordene Waschstraße zum Stehen zu bringen. Die Bürsten schwingen zur Seite. Das Rolltor fährt hoch. Das war knapp! Das vordere Nummernschild ist vom Stoß gegen das Rolltor abgerissen.

Mit wieder angeschraubtem Nummernschild fährt Carola tags darauf zur Waschstraße. Sie tröstet ihren Retter: „Es war nicht Ihre Schuld.“ Er drückt ihre Hand und murmelt: „Danke“. Harmonisches Ende einer gerade noch abgewendeten Katastrophe.

Beispiel 2: Die Sanduhr in der Sauna unserer Freunde ist verstopft. Was tun? Wir nehmen eine Eieruhr mit in den Vorraum der Sauna. Allerdings ist der Vorraum unbeleuchtet. Was tun? Wir holen eine Taschenlampe. In ihrem fahlen Schein stellen wir die Eieruhr auf 15 Minuten. Beim Ticken der Uhr gehen wir in die Sauna. Nach einer Viertelstunde klingelt es von draußen. Ohne Hörgeräte bemerkt Dorit das nicht. Aber ich bin bei ihr und sage: „Die Eieruhr hat geklingelt, wir sind gar!“ Aufgabe mit Hindernissen gelöst.

Ich schreibe diese kleinen Technikanekdoten auf. Plötzlich kommt Dorit angelaufen. Aufgeregt zeigt sie auf ihre Ohren. Blauzahn piept! Wir rufen im Akustikstudio an. Ja, nach Ablauf der sechswöchigen Ausleihfrist für Probegeräte, so erfahren wir, erinnert Blauzahn selbsttätig an die nun fällige Rückgabe. Darauf ist er trainiert. Künstliche Intelligenz. Was tun? Dorit fährt ins Akustikstudio und lässt die piepende Diebstahlsicherung abschalten.

Fazit: Technik – oft ein Abenteuer, aber schön zum Erzählen.

# *Meine erste Single (April 2024)*

Berlin, Oktober 2023. Kaffeetrinken mit Freunden bei uns zuhause. Einer der Freunde kann sich nicht entscheiden, welchen Kuchen er nehmen soll. Sein Blick schweift vom Büffet nach links ins Regal. Da erspäht er eine alte Schallplatte. Die vergilbte Hülle ist an den Rändern geklebt. Er fragt mich:

„Was ist das für ne Platte?"

„Meine erste Single. Von *Chic*."

„Toll – ich bin mit *Boney M.* angefangen."

Nicht mein Fall, denke ich, sage aber nichts. Meine Gedanken fliegen zurück.

Ahstadt, 1978. Mit federndem Turnschuhschritt gehe ich in „Honey´s Plattenbox". Ich kaufe die Single mit dem mitreißenden Intro „One, two: Ah, freak out! Le freak, c´est chic".

Das Stück kenne ich aus dem Radio. 14 Jahre alt, sehe ich goldenen Zeiten entgegen: Wer die beste Single hat, wird zu den besten Partys eingeladen. Wer zu den besten Partys eingeladen wird, hat die besten Kumpels. Und dann werden die Single, die Kumpels und ich niemals auseinandergehen!

New York, Silvester 1977. Der Türsteher des legendären Clubs *Studio 54* weist zwei schwarze Musiker ab: „Ihr habt eine persönliche Einladung? Das sagen sie alle."

Die beiden trollen sich frustriert. Zurück im Appartement, schreiben sie einen Song. Zuerst singen sie „Fuck off!" Dann glätten sie das Ganze. Unter dem geschmeidigen Titel „Le Freak" wird das Stück die Band *Chic* groß herausbringen. Und als einer der elegantesten und intelligentesten Disco-Klassiker in die Annalen eingehen.[30]

Was ist aus meinen erhofften goldenen Zeiten geworden? Wurde ich wirklich zu den besten Partys eingeladen? Ja, unsere Feten waren spitze, die Getränke kühl, die Musik raffiniert, und ich war dabei. Aber das lag nicht an meiner eleganten Single von *Chic*. Nein, Stammgast war ich vielmehr wegen des kleinen Tischlüfters, den ich mir für solche Abende vom Nachtschränkchen meiner Mutter borgte. Denn bei den Partys lief oft der Verstärker heiß. Im schlimmsten Fall schaltete er selbsttätig ab. Dann maulten die Tänzerinnen und Tänzer. Dagegen brauchte es beständige Frischluftzufuhr. Die lieferte der Ventilator auf Knopfdruck.

Einmal war selbst der Lüfter meiner Mutter überfordert. Für die Party eines Freunds war die Musikanlage in der Küche aufgebaut. Die Disco stand auf einem dicken Brett mit Resopal-Bezug. Das Brett ruhte auf dem Herd. Wenn die Partygäste einmal nicht tanzten, standen sie lässig an die Küchenzeile gelehnt. Einer der Gäste muss dabei mit dem Hintern versehentlich eine Herdplatte angeschaltet haben. Gerade noch rechtzeitig merkten wir, dass aus unserer heißen Nacht ein Wohnungsbrand zu werden drohte. Wir schmissen das schwelende Brett aus dem Fenster. Die Feuerwehr musste nicht anrücken, aber in der Küche stank es fürchterlich.

Berlin, August 2023. *Nile Rodgers* ist einer der beiden Musiker, die man einst nicht ins *Studio 54* gelassen hat. Seit Jahrzehnten erfolgreich, tourt der 71-Jährige gerade durch Deutschland. Heute spielt er im Tempodrom. *Rodgers* zieht alle Register. Außer eigenen Klassikern führt er auch von ihm für andere Künstler produzierte Stücke

30 *Ernst Hofacker*, Die 70er – Der Sound eines Jahrzehnts, S. 269 f.

auf, zum Beispiel „Let´s Dance“ von *David Bowie*. Das Tempodrom tanzt, ich auch.

Kurz vor Mitternacht schicke ich zwei alten Kumpels eine Kurznachricht über das Konzert. Lowis antwortet prompt: „Cool. Da bin ich morgen in Köln und Fränz war da gestern in Hamburg.“

Hamburg, Ostern 2024. Fränz hat Lowis, Edding und mich auf ein Schiff eingeladen. Zu seinen Klängen – Fränz ist der DJ auf der Barkasse – wollen wir fantastischen Vier in die Elbnacht tanzen. Aber der Rausschmeißer schickt uns weg: „Ihr habt eine persönliche Einladung von *DJ Fränz*? Das sagen sie alle.“ Ob es an unseren angegrauten Haaren liegt? Gar nicht fantastisch schieben wir ab.
Zurück im Hotel, schreibe ich eine Geschichte über meine erste Single. Für meine Freunde. Und für *Nile Rodgers*.

* * *

Auch diese Geschichte kommt in mein Sparbuch. 33 Stück sind wohl genug. Dann will ich das Ganze mal gesammelt herausgeben. C´est chic.

In Westfalen zur Welt gekommen
an bretonischer Küste geschwommen.
In Bonn, München, Speyer studiert
an Berlins FU promoviert.
In Karnevals fröhlichen Stunden
die Liebe fürs Leben gefunden.
In Brüssel Europa probiert
von Bonn nach Berlin migriert
in Paris multilateral
in Berlin zurück präsidial:
im Dienst mit Wort und Tat.
Im Übrigen gern mit dem Rad
unterwegs unter hohem Himmel:
heim zum westfälischen Schimmel.
Darf ich einen Dienst mir wählen?
Dann will ich, wie Opa, erzählen.
So wage ich diesen Versuch
an einem Geschichtensparbuch.